公認会計士・税理士
中村健一郎

はじめて
社長になる
ときに読む本

〈七訂版〉

ASC
税理士法人ASC・株式会社エーエスシー

はじめて社長になるときに読む本（七訂版）

はじめに

この本のタイトルは「はじめて社長になるときに読む本」です。

私が社長になりたい、と思った理由は、自分が良いと思う組織を作りたい、というのが出発点でした。

「良いと思う組織」とは、自分を含む「メンバーの長期的幸福を実現する」組織です。

「長期的」とは、新卒で入社したメンバーが40歳、50歳になって振り返ったときに「幸福」とは、経済的に充足することはもちろん、人間として成長したな、この組織にいて良かったな、と思えることを意味します。

そして、そのためにはお客様のお役に立って、価値を認めてもらわなければなりません。

達成できているか心もとないところもありますが、日々意識して、そこに向かっているつもりではあります。

何か判断に迷ったときには、この価値観に近い方を選択するようにしています。

会社を始めるきっかけは人それぞれです。
会社はツールですから、その利用目的が「金儲け」であってもまったく問題ないと思います。
本書は、その目的に向かった時に、最低限知っておくべきルールや考え方を示しました。

重要なルールの1つである税制は当然のように毎年変わっています。
それ以外の詳細も見直し、令和6年4月現在の制度に基づいて内容を改めるとともに、初版以降好評のコラムも追加し、一部は差し替えました。

会社を使って何かを実現したい、その手段を考えるときの参考にしていただければと思います。

令和6年4月

目次

2 会社設立直後のQ&A 57

3 会計・給与計算のQ&A 107

4 決算と会社の税金のQ&A 157

5 資金調達（融資と出資）のQ&A

1.

会社設立前のQ.&A.

1.1

設立は自分でできる？（プロに安く頼む方法も）

Q 会社設立は自分でできますか？

A かつてより安く・簡単にできます。また、プロに任せてもコストは同じでさらに安心になることもあります。

会社設立。

かつては、自分でやるのは大変だし、かえってコストがかかっていました。

ネットや本の通りにやるにしても手順が分かりにくく、また、定款（会社の基本的な決めごとを示した書類）を紙で作成すると、そこに印紙４万円を貼る必要があるためです。

ただ現在は、会社設立を支援するオンラインサービスが多くあって、かなり利用しやすくなっています。質問に答えていくと数千円の手数料で電子定款ができてしまう。電子定款ですから４万円の印紙は不要で

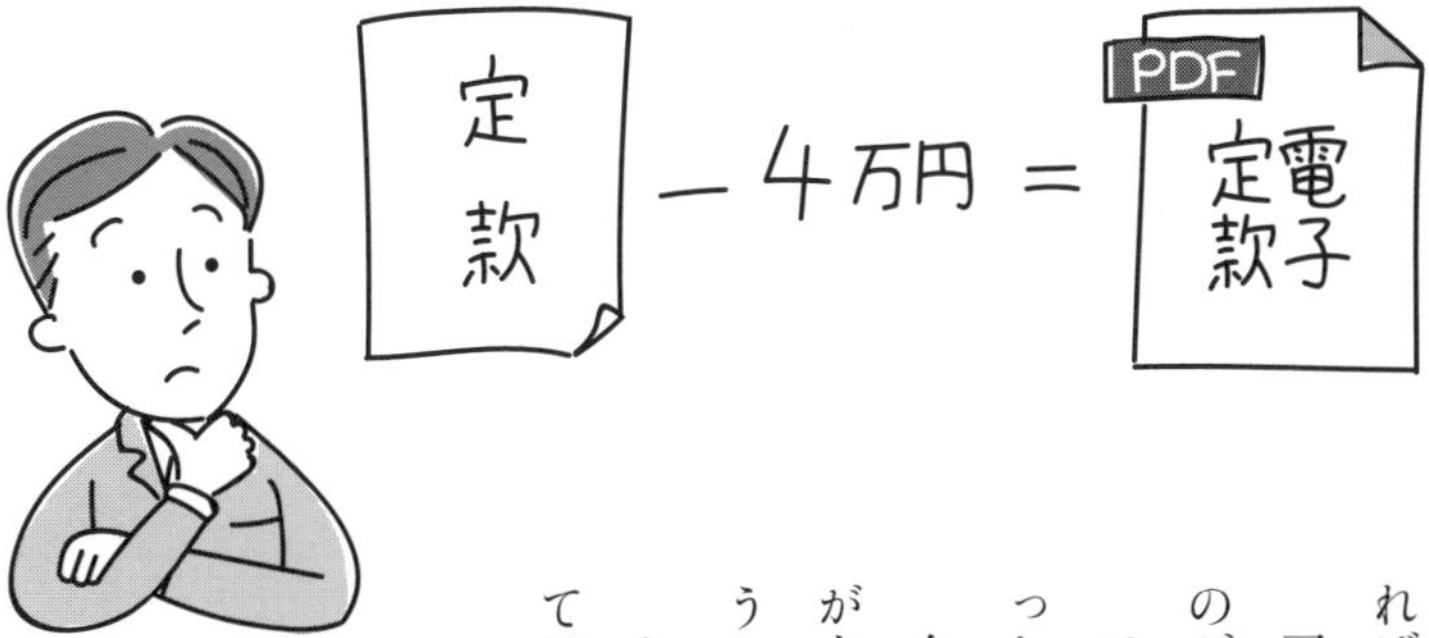

すし、さらにその数千円の手数料ですら、その会社が売りたい商品やサービスを契約すれば無料になったりします。

司法書士や行政書士などの専門家に頼めばかかる約8万円が無料になります、というのがそのアピールポイントで、それだけ見ると良さそうです。

でもこれまで会社設立に1千社以上関与している私共の事務所の感覚からするとちょっと違うのかな、という気がします。

今現在、会社設立で8万円もとっている司法書士さん、行政書士さんなど見つける方が大変で、むしろ手数料無料で会社設立を請ける専門家の方が多いのではないか、と思うからです。

たとえば私共のような会計事務所であれば、今後毎月のご契約いただくお客様に対しては手数料を頂戴しておらず、このような会計事務所は今は珍しくありません。

もちろん、会社設立後も会計事務所と契約するつもりがなければ取り得ない選択肢なわけですが、会社の場合、約9割の会社に会計事務所が関与しています。（令和4年度の税理士関与割合は、所得税（個人）は20・4％であるのに対して、法人税（会社）は89・5％：令和4事務年度国税庁実績評価書（財務省）より）

つまり、多くの場合、会計事務所と契約するわけですから、そうであれば、最初の入り口からお任せした方が良いのではないか。

会社設立は大部分定型フォームの穴埋めですが、資本金、役員、決算月など、税金だけでなく、今後の経営に大きな影響を与える事項を決定していく作業でもありますので、この面からも専門家に相談しながらの設立をお勧めします。

1.2 会社の種類（株式会社と合同会社）

Q 合同会社とは何ですか？　株式会社との違いを教えてください。

A 合同会社は設立コストが安い一方、知名度・信用度に劣ります。設立後の税金に違いはありません。

合同会社○○と聞くことがあるかもしれません。

その特徴を一言で言うなら、所有と経営が分離されていない。つまり、**表1**の通り、株式会社は、所有者（株主）と経営者（取締役）が別の人を予定しているのに対して、合同会社では同じ人（ともに社員）を予定している点です。

また、株式会社のように、多くオカネを出した人がその会社をコントロールできるわけでもありません。

合同会社が予定しているのは小さな会社組織なのです。

表1　組織の違い

	株式会社	合同会社
所有者（出資者）	株主	社員
経営者	取締役	（業務執行）社員
代表者	代表取締役	代表社員
意思決定	株式数で多数決	社員の頭数で多数決

表2　設立費用のめやす（電子定款の場合）

	株式会社	合同会社
定款認証手数料	5万円	0万円
登録免許税	15万円	6万円
合計	20万円	6万円

合同会社のメリットは安く設立できる点です。

表2の通り、株式会社なら20万円以上かかるところが6万円で設立できます。

ただ、それ以外の税金は株式会社とまったく同じなので、法人税や消費税が合同会社だから安くなるようなことはありません。

では、デメリットは何か？

やはり知名度です。人は聞いたことのないものを疑うので信用に影響を与え、特に消費者相手の商売に合同会社を用いるのは避けた方が無難です。

一般に合同会社はご自身やファミリーの資産管理会社に使うことが多いようです。

将来、変更することも可能ですが、会社を大きくしたい場合には、最初から株式会社にすることをお勧めします。

なお、合同会社だから融資が受けられないといったことはありませんのでご安心ください。

1.3 決算月（設立月マイナス1。ただし、他にも考慮すべきことが）

Q 決算月はどのように決めると良いでしょうか？

A 設立月マイナス1にすると良いです。ただし、初年度を7ヶ月にしたり、繁忙月との兼ね合い等も考えましょう。

会社の決算月は自由に設定できます。ただ、12ヶ月を超える事業年度は税務上、認められておらず、これは設立初年度も同じです。

決算月には決算・申告が必要ですが、相応の知識と手間、コストがかかりますから、なるべく先延ばしが望ましいと言えます。

設立日＝設立登記申請日で、事業年度はそこから始まりますから、登記申請が3月なら、3月－1＝2

月決算がベストということになります（＝一番、決算を先延ばしできます）。

ちなみに、まちがえてたとえば3月に3月決算会社を設立してはいけません。設立日から月末までのわずかな第1期を直ちに締めて決算・税務申告を行わなければならないからです。

そのほかにも、初年度をあえて7ヶ月にすると消費税の計算が有利になることもあります。資本金が1千万未満の会社は最初の2期間は原則免税なのですが、最初の半年で売上も給与も1千万を超える場合、第2期から消費税が課税されることとされています。これを避けるためには初年度を7ヶ月にすると、免税期間を最大限（12＋7＝19ヶ月）取ることができます。ただし、令和5年10月からのインボイス制度の導入で、最初から消費税のかかる課税事業者を選択する場合は関係ありません。

それ以外にも、自社等の繁忙月への配慮もすると良いでしょう。

たとえばもっとも売上が上がるのが12月だったら、その前の月である11月にする。売上が急激に上がった月に決算を迎えると、経費を使う時間的余裕がないまま締めなければいけないからです。

また、会計事務所もそうですが、それ以上に監査法人はキャパシティがひっ迫していますから、特にいずれ上場も視野に入れたいという場合は3月決算はあえて避けることも必要です。監査難民という言葉がありますが、3月決算という時点で話も聞いてもらえないということが結構ありますので。

単に、会社と言えば3月決算でしょ、などとせず、決算月はこのようなこともしっかりと考えて設立しましょう。

1.4

資本金（1億円、1千万、3百万、で違う税金・配当）

Q 資本金はどのように決めると良いですか？

A 1千万円を切るとコスト面で有利です。ただ、あまりに少額だと支障が出ることがありますので注意してください。

表のとおり、資本金が少ない方がコストは低いことが分かります。

特に、消費税を納めたくないとして、あえて1千万円を切るケースも良く見られます。

では、「資本金が小さいと何か問題がありますか？」とも聞かれることがあります。

以前ほど取引上デメリットがあることは少なくなりましたが、建設業のような許認可事業では、一定金額以下では認可が下りないということがあります。

表

(単位：円)

資本金	1～	3百万～	1千万	1千万 ～1億	1億超
消費税	かからない		かかる		
住民税	7万			18万	29万
配当	できない	できる			
中小の優遇	あり				なし
外形標準課税	なし				あり
留保金課税	なし				あり
交際費	OK				すべてNG

消費税：第2期までの消費税
　　　　一部例外あり
住民税：法人住民税均等割（50人以下の場合）
中小の優遇：　中小企業としての各種優遇措置の対象となるかどうか
外形標準課税：事業税の外形標準課税
留保金課税：会社に留保した利益に対して行われる特別の課税
交際費：一部例外あり

しかし、これらに無縁の場合、あとは見た目を気にしなければ少なくても良い、というのが一応の結論になります。

ただ、1円のように極端に少額だと、最初の段階で資本金を食いつぶし、すぐに社長からの借入金で会社の運営をすることになります。これは「債務超過」になることを意味します。

この言葉は、「もはや債務超過の状態でどうしようもない」のように使いますが、要は資本金を上回る損失が生じていることです。

債務超過は、客観的に見て無価値以下の会社になるため、外部からの借入や投資には適さないとされます。

自分ひとりが投資家兼経営者で融資も受けないのであれば問題ないのですが、資本金が少ないと債務超過になりやすい、ということはやはり考えておくべきところかと思います。

ちなみにほかの人はどんな感じですか？　と聞かれることもあるのですが、「じゃあ100万にしときます」、「300万にしときます」、というケースが多いように思います。

1.5 持ち株構成の決め方（みんなで等分は絶対NG）

Q 創業メンバー全員で、株を同数ずつ持ち合おうと思いますがどうでしょうか？

A 絶対に良くありません。誰か1人が最低でも過半数を取りましょう。

仲間と起業は安心、みんなで仲良くやれて楽しい。

それに、それぞれの能力を結集すればうまくいくかもしれません。

しかし、全員同格の起業は、誰も主導権を取れず、責任も負わず、依存しあって結局うまくいかないことが多いようです。

設立前のご相談のときには仲良かったのに、その後すぐに分裂するケースは珍しくありません。

これに対して、覚悟を決めて一人で起業、あるいは、自ら主導して後輩を引っ張ってきて会社設立、という方が、圧倒的にうまくいくことが多いように思います。

その場合、1人が株式の過半数（あるいは3分の2、さらには全株）を持っていて、会社に軸ができています。


このときのキーは株式です。

株主＝会社の持ち主ですから、株主は取締役を辞めさせることできますが、その逆に取締役が株主を辞めさせることはできません。

大株主兼代表取締役であることが多い中小企業では意識が薄くなりがちですが、まずは持株構成で序列を明確にし、仮に対立しても、最終的には尊重されるべきリーダーと、身を引くべきメンバーとを明らかにしておくのです。

会社経営には、どれが正解かは分からない難題が出てきますから、最終的には誰かが責任をもって決断しなければなりません。
そんなときに、俺も同じだけ株を持っているのに頭に来た、何でもストップしてやる、とかいうおかしな展開は避けなければなりません。
初期の株主構成には十分注意してください。

1.6 役員構成の決め方（みんなで役員、が損な理由とその対処）

Q 創業メンバー全員で取締役になろうと思いますがどうでしょうか？

A 取締役は少ない方が基本的に有利です。極力絞りましょう。その代わりに執行役員という肩書きが使えます。

特に創業当初は、取締役の数をなるべく絞る方が柔軟で有利な経営ができます。

なんとなく、主任・係長・課長・部長、その上に取締役があるように見えますが、部長と取締役の間には、極めて大きな溝があります。

なぜなら、部長までは労働者ですが、取締役は経営者だからです。

労働者は手厚く保護されますが、経営者である取締役は対象外。

取締役には①労働基準法が適用されず、②失業保険もありません。そして、③労働者を雇ったらもらえるような助成金は対象外です。さらに、④ボーナスを払っても、原則経費にはなりません。

①はともかく、②、③、④は直接経営にインパクトを与えます。

特に④は、儲かったらボーナスを払うというスタイルが、取締役については実質制限されているのです。従業員であればこのようなことはなく、途中で離脱する場合でも、②があれば再出発の選択肢が広がります。

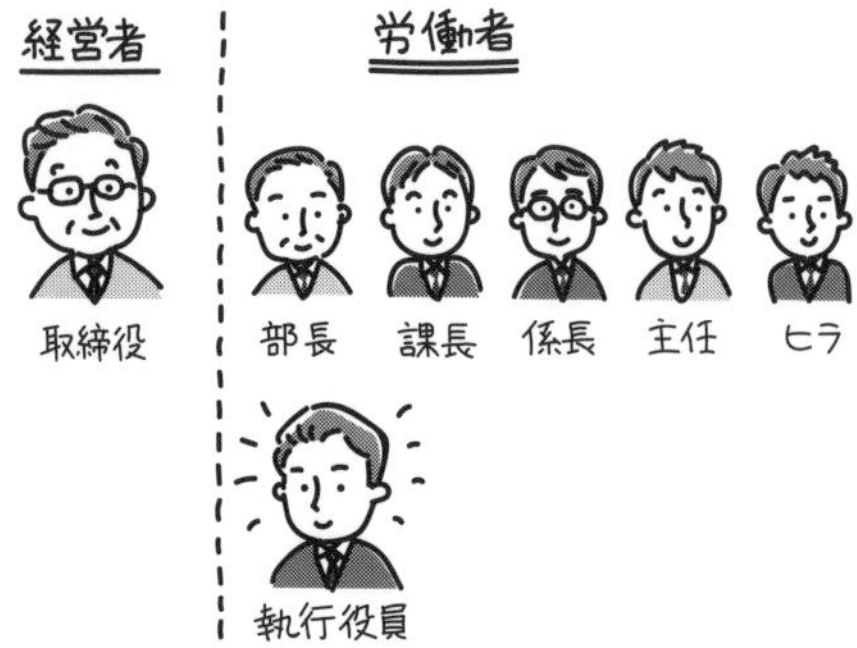

設立手続を紹介する本でも、まずは取締役を決めましょう、とだけなっていることも多いようです。しかし、それに伴うコストは実はとても大きいことを認識して、しっかりと検討すべきといえます。

なお、取締役の代わりに最高位の従業員として「執行役員」を置く会社もあります。

単に部長や課長と同列の社内的に付ける肩書きですが、対外的にも高いポストにあることを示すことができますので検討してみると良いでしょう。（なお、似た言葉に「執行役」がありますが、これは「取締役」と同様、法律上存在するため、勝手に名乗れません。）

1.7 兼務役員という選択（従業員の立場を持つ取締役）

Q 役員を従業員扱いできると聞きました。どのような意味ですか？

A 使用人兼務役員という制度があります。

取締役工場長、取締役経理部長。

このような肩書きを持つ方がいます。

「工場長」や「部長」は従業員を、前に付く「取締役」は文字通り役員であることを示します。

つまり、この人は役員であって従業員の立場も持つことになります。

税務上これを使用人兼務役員と呼び、「役員のうち部長、課長、その他法人の使用人としての職制上の

地位を有し、かつ、常時使用人としての職務に従事する」人と定義しています。

（なお、代表取締役や監査役など、一定の方は使用人兼務役員にはなれません。）

たとえば、役員であれば本来認められないボーナスや残業代も、使用人部分（＝従業員部分）は認められますから、前節「1.6 役員構成の決め方」（みんなで役員、が損な理由とその対処）の問題点を回避する一つの方法といえなくもありません。

ただ、ボーナスのうちの使用人部分（＝従業員部分）とはいっても、社内の他の従業員がもらっている給与・賞与の額を参照したり、支給のタイミングも従業員と同じでないとNGなど、認められるためのハードルは低くなく、その分リスクもあります。

仲間うちで始めた会社で、一人が代表取締役社長、もう一人が使用人兼務役員として取締役営業部長などとやっても、ほかに参考となる従業員がいるわけでもなく、取締役営業部長に支払われたボーナスは単に全額役員賞与ではないですか？　とされる可能性があるわけです。（役員賞与は税務上は一定の場合を除いて費用になりません。)

使用人兼務役員は登記事項でもないため、解釈に幅が出やすいところでもあり、従業員の賃金体系などがしっかりと固まっていない設立当初の会社においては特に、慎重に導入した方が安全です。

1.8

助成金・補助金を考える

（創業前後にもらえるオカネ）

Q 創業時にもらえる助成金などはありませんか？

A ありますが、あてにしすぎないようにしましょう。

国や自治体から創業者に対して、低利の貸付が行われることがありますが、やはり人気が高いのは、返さなくても良い助成金・補助金です。

助成金は、厚生労働省系のものを指し、人（労働者）にかかわる政策にマッチしたらもらえるのが一般的です。たとえば、条件にあてはまる人を雇用したら、あるいは労働環境をこのように整備したらもらえる、というもの。

要件を満たすとほぼ確実にもらえるのが特徴です。

補助金は、主に経済産業省（＝傘下の中小企業庁）系のものを指し、その政策にマッチしたらもらえるのが一般的です。たとえば、技術開発にかかわる設備を導入したら、創業にあたって新しい視点で投資をしたらもらえる、というもの。

要件を満たしてもその中で競争となり、申請者のうち、半分以上が落とされることも珍しくありません。

なお、助成金・補助金は、創業時のからっぽの財布にオカネを入れてくれるものではないので、注意が必要です。通常、使ったオカネの半分をあげます、3分の2まであげます、というものであって、これは獲得までの一般的な流れを見ればわかります。

(1)計画を提出する（結構たいへん）→(2)審査をされてＯＫを受ける→(3)ＯＫされた計画通りに実行してオカネを使う→(4)実績を提出する（これも結構大変）→(5)確認を受ける→(6)数か月後に使ったオカネの一部がもらえる。

このため、将来もらえればありがたい、という程度の意識にとどめて、当面の資金繰りの計画などに組み込まない方が安全です。

一般に、助成金は社会保険労務士が、補助金は公認会計士や税理士、行政書士が支援しますので、そちらに相談されると良いのですが、最新情報は創業後に使えるものも含めて左記でもチェックできます。

厚生労働省：事業主の方のための雇用関係助成金

https://www.mhlw.go.jp/stf/seisakunitsuite/bunya/koyou_roudou/koyou/kyufukin/

中小企業庁：補助金等公募案内

https://www.chusho.meti.go.jp/koukai/koubo/

1.9 設立までにかかる経費の精算（設立後の会社から返してもらえる？）

Q 設立までに負担した経費は、設立後の会社から払ってもらえますか？ また、領収書のあて名はどうしたら良いでしょうか？

A 設立後の会社から支払ってもらえます。領収書は、設立日後は新会社名がベストですが、それ以前は個人名で問題ありません。

会社設立をする場合、本書のような関連書籍、手続に直接かかる印紙代や専門家への報酬、打ち合わせの交通費、各種備品、さらには先行して行う仕入等、色々と発生します。

設立日以前に会社はありませんし、設立日は単に登記申請日であるため、会社の銀行口座ができるのは、それから2～3週間先になります。

そのため、これらの費用を立替えるわけですが、それは後日返ってくるのか？ それにはどうしたらよ

図

立替経費精算書　社員No.　1　氏名　丸川 丸男

期間　自 2024 年＊月 1 日　至 2024 年＊月末日　(1／1)

月	日	摘要	交際費	会議費	交通費	図書費	事務用品費	通信費	消耗品費	その他
＊	2	電車：東京・田町往復			300					
	4	書籍：設立登記のしかた				1,200				
	4	コピー用紙					1,000			
	6	喫茶店で打合わせ		800						
	7	切手						80		
	10	デスク							28,000	
	11	電車：東京・新宿往復			380					
		合計	0	800	680	1,200	1,000	80	28,000	0

当月請求額　30,760 円

いのか？　そもそも設立日よりも前に何か払っても大丈夫か？　という疑問を持たれるようです。

まず、個人事業を会社にした場合を除き、設立後の会社から払ってもらって問題ありません。

個人事業の場合は、設立日前のものは個人の事業所得に入れるよう指導されます。しかし、会社勤めだった人が会社を立ち上げる場合、税務署の調査官と話したりしている中では、設立2～3ヶ月前までのものであれば特に問題なしとして認めているようです。

では、それにはどうすれば良いか？

まず、領収書のもらい方として、設立日以降であれば会社名にすべきです。ただ、それよりも前であれば、個人名の領収書で問題ありません。

設立日前に会社名でもらうのは厳密には変ですし、検討過程で社名が変わる可能性もあります。つまり、正式には、「＊＊株式会社　発起人　＊＊　＊＊」宛にしてもらうべきなのかもしれませんが、そこまでしなくても認められます。

次にその領収書をどうするか？　会社のオカネがすぐに使える状態ではないわけですから、図のような「立替経費精算書」を使います。（様式は一例です）これで簡単な区分をしながら集計しておいて、後で設立後の会社から一括精算してもらえば良いのです。

コラム

会計事務所のスタイル

会計事務所のサービスは事務所ごとに違います。

これは主に、どこまでをお客様が行い、どこからを会計事務所が行うのか、という役割分担によるのですが、これを決めているのが各事務所のポリシーです。

①「できる限りうちにお任せください」から②「会計は基本的にはお客様が行うもので、私達はそれを指導します」までさまざまです。

たとえば「領収書の整理や記帳代行からお任せいただけます」とアピールしている事務所は①の事務所です。

一方、「お客様の自計化《じけいか》を推進し、巡回監査を実施します」とアピールしている事務所は②の事務所です。

なんのことか分からないかもしれませんが、これらは業界用語のようなもので

「記帳代行」とは会計事務所がお客様の会計処理を代行すること、

「自計化」とは、お客様が自社で会計ソフトを動かして入力すること、

「巡回監査」とは、それを会計事務所のスタッフが会社を訪問して確認すること、を言います。

①と②のどちらが正しいとか間違いというものではなく、お客様のフェーズや状況に合わせて対応すべきです。

たとえば、できたばかりの会社に、いきなり事務所指定の会計ソフトを導入させて社長や奥様に入力を要求するのは明らかにやりすぎです。

それを無理に推し進めると、社長の時間を本業以外に使わせてしまいますし、会計事務所からの請求も高くなりがちなので、お客様へ与える負担も増えてしまいます。

筆者の事務所は起業間もないお客様が多いので、①のスタイルでお任せいただくお客様が多くいらっしゃいます。

ただ、フェーズとは無関係に②を勧める事務所もあり、会計事務所といっても、それぞれの考え方やスタイルがありますから、これらも考慮して自社に合ったところを選ぶと良いでしょう。

コラム

ＡＳＣスタイル

前項のコラムにも通じるのですが、筆者の事務所（税理士法人ＡＳＣ・株式会社エーエスシー）のスタイルは、他の事務所に比べて普通の会社に近いかもしれません。

これは筆者の歩んできた道が、他の会計事務所の所長と大きく違うからだと思います。

筆者は、いわゆる理系出身で、文系出身者が多い会計業界としては変わり者です。

（実際、大学２年までは、自分はどこかのメーカーに就職してエンジニアになるものだと思っていました。）

社会に出てからは、経営コンサルティング会社で、主に上場企業や官公庁を相手に、会計税務だけでなく、経営戦略や組織、その他特殊なテーマのプロジェクトに携わりました。（英語もろくにできないのに、ＮＡＳＡ／アメリカ航空宇宙局へ国際会議の日本側事務局として行ったこともあります。）

その後入った事業会社では、予算編成や管理、事業のリストラ、買収案件の検討、ＥＲＰの導入などをしました。（ちなみにＥＲＰとは、会計、人事給与、生産管理のモジュールを備えた巨大な業務ソフトです。）

つまり、会計事務所で修行して独立、という一般的なパターンと大きく違っているのです。

このおかげというか、このせいというべきかは分かりませんが、筆者は事務所を会計事務所としてというよりも、会計税務やその関連サービスを行う一般の企業組織のつもりで社内の体制を固め、サービスを提供してきました。

そして、お客様にお勧めするものも、まずは自分で積極的に試してみる、という姿勢を堅持しています。たとえば、自社でソーラー発電や民泊、コインランドリー経営、不動産経営をする会計事務所はなかなかないと思いますが、これも本当に儲かるのか、関連税制が使えるのかを確認するためです。

このように、他の会計事務所よりも、より経営（平たく言えば金儲け）に近い視点を持っていると自負しています。

ＡＳＣスタイルというものがあるとすれば、このようなスタイルになります。

コラム

私が独立したとき

メルマガ「成功の研究」から（メルマガ「成功の研究」は、筆者が隔週で連載しているレポートです。）

レインメーカー

もう何年も前に公開されたものですが、「レインメーカー」という映画があります。（レインメーカーとは、雨のようにカネを降らせる人、弁護士もののこの映画では、事務所に大金をもたらすエース弁護士、という意味で使われているようです。）

これは、マット・デイモン扮するロースクールを出たばかりの新米弁護士が、ひょんなことから大手保険会社と戦うことになる話です。

保険会社は、貧しい人達から保険料を集めながら、保険金の請求にはのらりくらりと応じません。主人公は、本来なら保険で受けられるはずの治療を受けられないまま死んでいく少年とその母親を見かねて立ち向かうわけです。相手は、一流の弁護士事務所と契約し、何人ものやり手弁護士がチームで待ち構えています。

一方、こちらの弁護士事務所は、やる気のない上司達は海外に行ってしまって、無資格ながら法廷での

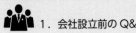

立ち回り方をかろうじて知っている先輩と自分の2人だけの心細い状況です。

このような中、主人公は、その先輩とともに手探りで奮闘します。無資格の先輩は法廷には立てませんから自分が立つわけですが、異議の中立のしかた自体分からないので、裁判官から注意を受けて失笑を買ったりします。

そんな奮闘の描写の1つに、相手の一流弁護士事務所に1人で出向くシーンがあります。事務所は大きく高級で重厚です。少し暗い会議室の中央には、輝く立派なテーブルがあって、そこに通されます。自分は1人、その周りを相手事務所の経験豊かな弁護士達が囲み、交渉を始めます。最初から相手は馬鹿にした態度でプレッシャーをかけてきます。足元を見ながら軽く取引を持ち込んできます。そんな押しつぶされそうな状況の中、主人公はなんとか彼らの要求をはねのけます。

私がこの映画を見たのは、ちょうど会計業界で独立したころでした。自分1人でやっていけるのだろうか？

世の中には自分が足元にも及ばないようなやり手の会計士や税理士、さらには当局のお役人が、この映画の世界のように自分を待ち構えているのではないか？　心細い心境を主人公に重ねました。

実際にはそこまでのことはなかったわけですが、今でもそのシーンを思い出すと当時の自分の不安だった心境を思い出します。

さすがに今は、そのような状況にはありません。しかし、そんな気持ちだったからこそガムシャラにがんばったのも確かなわけで、当時をたまに思い出して、現状で満足しそうな自分を時折戒めています。

また、当時の自分以上の覚悟をもってこれから起業される方の心情を察するようにしています。

まだご覧になっていない方のために映画の結末はあえて書きませんが、主人公はこの経験を経て大きく成長します。

どこかで読んだ本に、苦しいときは自分が成長しているときだ、というようなことが書いてありました。それを乗り越えたとき、これまで以上に頼りがいのある、役に立てる人間になっているのだと思えば、苦しさも前向きにとらえられるのかもしれません。当時と状況は違っていますが、苦しいとき、悩むときはいまだに多々ありますので、そんなときは、自分が成長していると信じて、これからもがんばっていこうと思います。

コラム

見せ金

「これしかないので、残りは見せ金でやろうと思います。」と言われることがあります。

ちょっと詳しい方が会社を設立したり、資本金を増やす（＝増資をする）ときです。

見せ金は「みせがね」と読みます。

この言葉自体はお聞きになられたこともあるかもしれませんし、漠然とイメージを持たれているかもしれません。

要は、設立時の資本金や増資の際の払込について、いったんオカネを振り込むものの、手続が終わったらすぐに引き出してしまうことを言います。

たとえばあなたは300万の資本金の会社を作りたい。

でも手元に100万しかないので200万は親から借りることにし、設立後すぐにオカネを引き出して親に返した。

といった場合、この200万が見せ金ということになります。

では、この見せ金、声を大にして行える行為なのか？

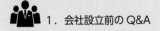

実はそうでもありません。

会社法で直接禁止する規定はないものの、資本金に対応する財産の裏づけを損ねる行為として、出資の有効性について議論があるテーマになっています。

一定の条件下で、過去には無効な出資であるとされた判例もありますから、少なくとも堂々といえるような行為ではありません。

とはいえ、借りたオカネで出資することは認められていますので、結果的にこのような状態に至ることはあります。


たとえば、先のケースで、至急200万を返してくれと言われて返すことになり、会社から引き出して返した、ということもあるでしょう。

その場合、どのような扱いになるか?

出資されたオカネはあくまでも会社のオカネですから、あなたは会社から200万を借りて個人的な借金200万を返した、という扱いになります。

(会社の決算書には、当初、現金預金300万があったものが、これにより、現金預金100万、貸付金200万になります。)

つまり、あなたは会社に200万円を返さなければなりません。

そして、その間は金利を支払う必要もあります。

(自分が社長をしている会社だから良いか、と考えて放っておくと給与と認定されて所得税がかかります。）

若干グレーな話かもしれませんが、社長として直面することもある話題なのであえて取り上げてみました。

コラム

一般社団法人

「一般社団法人」

よくご存知でない場合、なんとなく、公的な機関をイメージされるのではないかと思います。

でも、一般社団法人であることと公的であることとはまったく関係ありません。その意味では、株式会社、合同会社と同様、普通の法人です。

これを逆手にとって、株式会社や合同会社でも良いところをあえて「公的」と見せたい場合に採用されることもあります。

たとえば、

- 自社で創設したライセンスの認定機関として設立する。
- 消費者から情報収集するための組織として設立する。

等です。

テレマーケティング会社の役員に聞いた話では、一般社団法人の行うアンケートの回答率は株式会社よりも高いそうです。公的に見えるということは、接する人に安心感を与えますから、魅力的な器です。

この目的にはこれまで、NPO法人がよく使われました。

ただ、正式名称である「特定非営利活動法人」という印象を悪用して詐欺等の犯罪に使われるケースまで出てきて、イメージが少々悪くなってきました。

その代わりというわけではないのですが、一般社団法人の人気が高いようです。

設立コストは合同会社よりは高く、株式会社よりは安い10万ちょっとでできます。

なお、この組織の一番えらい人は、「社長」ではなく「代表理事」です。


つまり、厳密には社長になるための本書の対象外の話なのですが、別に組織はどれか1つを選ぶのではなく、どれを使うかなので、組み合わせても良いわけです。

実際、

一般社団＝消費者向けの啓蒙をする
株式会社＝啓蒙されたものの関連商材を販売する
合同会社＝オーナーの資産管理をする

という形で使い分けている社長もいらっしゃいます。

本編に入れても良いくらいの話ですが、コラムに入れてみました。

コラム

夢を描く

メルマガ「成功の研究」から（メルマガ「成功の研究」は、筆者が隔週で連載しているレポートです。）

自己啓発本、成功本、というジャンルの本があって、そこには、夢や目標の実現には、それを「紙に書いて貼るべし」とよく出てきます。ですから「来年度売上○億円突破」とか紙に書いて掲げておくことはかなり意味があるようです。その次くらいに出てくるのが、「実現したいこと、手に入れたいものを具体的にイメージするべし」というもの。

手に入れたいものが

- クルマであればその写真を貼る。
- オカネであれば預金通帳に一桁ゼロを書き加えてみる。

等々ですが、非科学的な印象が強く、正直信じて良いのか戸惑います。その流れの中で、「実現した状態を絵に描くとさらに良い」というものがありました。騙されたと思ってやってみろ、将来それは実現しているから、と。

当時、似たような本をいくつか読んでいたので、どこに書いてあったか忘れましたが、実際にやってみました。馬鹿だと思われたらいやなのでこっそりと。本当は堂々とやって他の人に見てもらうくらいが良いそうです。

10年以上前、まだ事務所には5、6人くらいしかいなかった頃のことでした。

将来オフィスには何十人かいて……とか考え、こんなオフィスでもっと大人数で働けると良いな、と思いながら描きました。

机を2個×4列＝8個ずつ島にして各机の上にはモニタがこんな風にならんでいて、自分だけはそこに一回り大きな机を横付けして。窓との関係や通路はこんな感じかな。ここらに観葉植物は必要だろう。コピーやFAXはこうかな……とか。

それから時を経てどうなったか。今働いているオフィスは、ほぼその通りになっています。

本に書かれていた通り、気づくと確かに実現していました。

あれは本当だったのか……と思うと同時に、であれば、もっと大きなことを描いとけば良かった、とも思います。

当時は大きい絵を描いたつもりでしたが、逆に言うと、そこで自分に枠をはめたのでしょう。

そう思うのは、実は先日、自分と同じ頃、というか自分よりちょっと後に開業された同業の先生の活躍を改めて知る機会があったからです。大阪で始めたその先生の事務所は、今は東京を含む国内に複数拠点を構え、最近8百人を超えたとのこと。国内10位以内に確実に入る規模です。他のトップ10事務所は、国際会計事務所グループの日本部門だったり、創業40周年、50周年だったりする中、ゼロから15年程度で作ったわけです。

その先生の描いた絵が、私と全くスケールが違っていたことを知りました。残念ながら、私にはそこまでの絵は描けませんでした。「規模だけじゃない」とは思いますが、やろうと思えばすぐにできる人が言わない限り、それは単なる言い訳です。

ということで、先日改めてまた絵を描いてみました。実現しても到底10位以内に入ることはないですが、こうあると良いな、というものを。

果たしてまた5年後、10年後に実現しているのでしょうか。

皆さんも騙されたと思って描いてみると良いと思います。

将来働いていたいオフィス、なっていたい自分、住んでいたい家、等々。夢は、描いたあたりで実現する気がします。

逆に言えば、最初から無理と思ってしまって、あるいはそもそも思いつかないレベル・スケールにあって、自分で描けない夢は実現しないのでしょう。

コラム

必敗パターン

メルマガ「成功の研究」から（メルマガ「成功の研究」は、筆者が隔週で連載しているレポートです。）

「起業に、こうすれば必ず成功する、という必勝パターンを見つけるのは難しいですが、必ず失敗するパターンはあります。

ちょうどそんな一例が日本経済新聞に連載中の「私の履歴書」に出ていました。この欄は、各界で活躍されてきた方達が毎日一話ずつに区切って1カ月間で半生を振り返るのですが、今月はファンケル池森賢二会長。同社は年商12百億円超の超優良企業です。

まだ月の前半なので、お若い頃のお話。抜粋します。

11月7日（木）

「休日には東京で開かれる脱サラセミナーへ顔を出した。10回ほど通っていると4～5人の顔見知りができた。それが十数人に増え、『みんなでお金を出し合って独立しよう』と盛り上がってしまった。」「共同出資者は17人。」「出資者全員が役員で一般社員はゼロだ。年長順にポストを決め、私は3番目なので専務に就いた。」

見るだけで最低最悪のパターンです。当事者意識の希薄なダメ会社の典型例で、１２０％失敗することが分かります。どんなに良い商売も、これと同じスタイルで会社をやったら絶対に上手くいきません。

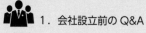

私の事務所でも、これまで1000社超の会社の設立に関与してきましたが、同格のメンバーが3人いると安定して経営することは困難で、それは2人でもあまり変わりません。

たとえば、2人で同額出資して2人とも代表取締役というケースがあります。わずか2人ですが、これでも極めて高い確率で失敗します。なのに、ここでは出資者17人全員が役員とのことですから絶対に無理。同日の稿は、その後どうやらうまくいかなかったらしいことをほのめかして終わり、その翌日。

11月8日（金）

「ビジネスはなかなか前に進まない。理由は単純だ。全員が取締役という〝異形〟の組織だけに何も決定できない。」

「まず一番の年長者だった社長がノイローゼで入院してしまった。次の社長は副社長だ。だが、3カ月後、会社へ来ると置き手紙がある。」「失踪してしまったのだ。次の社長が3番目に年上の私だ。」「開業から3年弱で倒産した。残ったのは6000万の借金。」

作り話のようにきれいに失敗しています。まさに、こうすれば必ず失敗するという必敗パターン。名経営者も昔はこんな失敗をされたのだということで、これをご覧の皆さんは、何か新しいことを始めるとき、組織を作る時は参考にされると良いと思います。

会社や組織を同格のメンバーで構成すると、良いのは最初の気分や雰囲気だけで、後でほぼ必ず失敗しますから気をつけて下さい。

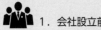

コラム

最高の投資先

メルマガ「成功の研究」から（メルマガ「成功の研究」は、筆者が隔週で連載しているレポートです。）

日経平均が何十年ぶりに高値を更新したりと最近日本の株式が好調です。昨年までは米国株が良かったし、今も悪くない。不動産も相変わらず良い。コインランドリーは節税効果はなくなりましたが、立地次第。シミュレーションゴルフも増えてきましたね。珍しいものでは昨年くらいから冷凍自販機事業も面白そう。金（GOLD）もあると間違いない。私もたくさんやってきました。失敗もたくさん。そのおかげで、笑い話のネタも増えました。

そのような経験を踏まえてどこに投資するのがベストだと思いますか？聞かれたとします。投資するものには、オカネだけでなく時間も含めて考えて。

1. 相手が20代、30代だったら……

まったくおもしろくないですし、似たようなことを何度か書いた気もしますが、絶対に間違いないと自信をもって言える答え。

それは「自分」です。

少し前ですが、『DIE with ZERO』という本を読みました。そこで印象に残った言葉の1つは「若い頃に〝はした金〟を貯めるな」でした。まったく同感です。今の数万、数十万をけちって、将来の数百万、数千万を棒に振るようなことは避けるべき。時間だって、ゆっくりするのはもっと年を取ってからにして、若いうちに頑張った方が良い。

若者が、老後に備えて今から貯金するなどあり得ないと思うのですが、受け入れやすいのでしょう。日本人は堅くてまじめ。それが良いところだとは思うものの、若い頃から貯金を積み上げるのを目指すのは違うんじゃないかなと思います。投資もNISAやIDECOの話はほどほどにして、将来のために今の自分に投資しろ、です。

例として、私共は会計事務所なのでこれがわかりやすく見ることができます。

税理士になることを目指したとき。

税理士になると年収は百万単位で変化して、数年間の累積で千万近くになります。つまり、生涯年収は数千万変わるわけです。であるなら、安く済むけど遠回りな独学より、オカネをかけてでも専門学校に行けば良いし、時間を使うなら、ネットで最安を探し続けたりカードのポイントの上手な貯め方を研究するのではなく、試験勉強をした方が良い。

投資は勉強に限りません。

前出の本では、著者の友人が若い頃にカネを借りて世界を旅した話をがありました。

著者も、もっと年を重ねてオカネに余裕ができたときに同じように回ってみた。だけど、友人がそのときに得たであろう体験に相当するものはまったく得られなかったと書いていました。その本には、「金の価値は加齢とともに低下する」とも。

特に若い人には、今の自分に時間とカネを投資してほしいと思います。とはいえ、自分の子供もそうですが、当事者は若いのは当たり前だと思っているのでまったく響かないのが残念なのですが。

これに加えて

2．相手が（年齢を問わず）経営者だったら……

まったくおもしろくないですし、似たようなことを何度か言った気もしますが、絶対に間違いないと自信をもって言える答え。

それは「自社の本業」です。どんな場合も本業に固執して他に手を出すな、というのではありません。まずは本業に時間とカネを注ぐのが間違いないですよ、ということ。

本業に注いだ時間とカネのリターンは、片手間のもうけ話をはるかに上回ります。不動産や株をやりたければその余力でやる、あるいは本業の変動を抑える余力を設けるためにやる、が望ましいのではないかと思います。

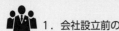

2.

会社設立直後のQ.&A.

2.1

設立後の届出1（青色申告の届出が遅れて数百万の損が出た例）

Q 会社を設立したら税務署に届出を提出するそうですが、遅れると問題がありますか？

A 特に青色申告の承認申請書はたいへん重要ですのですぐに出しましょう。

「青色申告」は、「ちゃんと会計帳簿を作って申告をします！」、という宣言のようなもので、その申請は設立日から3ヶ月以内の提出が求められています。逆に、間に合わないとその年は「白色申告」という取扱を受けます。

では、青色申告のメリットは何か？　中小企業の場合、主に次のようなものがあります。

①欠損金を10年間繰り越せる。

（今年出た損失で、来年以降の利益を消せる）

表　　（単位：万円）

	第１期	第２期	第３期	合計
利益	△3,000	1,000	2,000	0
青色申告の税金	0	0	0	0
白色申告の税金	0	300	600	900

②欠損金を前年に繰り戻せる。

（前年が利益が出て納税の場合、今年の損失をぶつけて還付してもらえる。）

③税務署からは、帳簿を見た上でないと修正を求められることがない。

④特別償却、特別控除等税制上の優遇措置の対象となる。

③はあまり実感することはありませんが、①、②と④は、何百万円単位の税負担のアップにつながるので注意が必要です。

以前、設立半年後くらいにお客様になっていただいた会社がありました。「各種届出は何もしていないのでお願いします。」とのこと。既に期限を経過していたので、第２期からの青色申告になりました。

その結果どうなったか。第１期は事業準備が中心だったため３千万の赤字、第２期に１千万の黒字、第３期２千万の黒字でちょうど完全に累積損失を解消しました。（数値は一部簡略化しています。）

これを税率30％で示すと**表**になります。

青色申告の場合、第１期の△３０００万円を第２期、第３期に繰越しているので税金が発生しません。一方、白色申告の場合、第１期の損失は切り捨てられて、第２期、第３期の利益にそのまま課税されます。

つまり、設立後3ヶ月以内に紙1枚を出したかどうかで900万円も違うという恐ろしいことが起こりるわけです。

その他、各種優遇税制も「青色申告事業者であること」が適用条件となっていることがほとんどですから、この届出は速やかに出すことを心がけましょう。

2.2

設立後の届出2（あえて消費税がかかる事業者になる選択）

Q 消費税は免税の方が絶対有利ですよね？

A **いいえ。海外に販売したり、大きな買い物をする場合、免税だとかえって損なことがあります。その場合、あえて消費税がかかる事業者になる選択があります。**

資本金が1千万円未満の会社は、原則最初の2期間、消費税のかからない会社（免税事業者）になります。免税＝ベストと思うかもしれませんが、そうでない場合があります。

まず、**消費税の納税額＝売上につけた消費税－買い物についていた消費税……（＊）**です。

たとえば、110万円（税込）で仕入れたモノを、330万円（税込）で販売したとき、（＊）にあてはめると、消費税の納税額＝売上につけた30万円－買い物についていた10万円＝20万円、となります。

免税事業者であれば20万円を納めなくて良く、確かに得です。

では、これを海外に販売したらどうでしょう？

消費税は国内消費にかかるものなので、海外に売る場合にはかかりません。

そのため、300万円で販売することになります。（＊）の式にあてはめると消費税の納税額＝売上につけた0万円－買い物についていた10万円＝△10万円、となります。

△、つまりマイナスの納税額です。

消費税がかかる事業者（課税事業者）であれば10万円を税務署から返してもらえますが、免税事業者だと返してもらえません。この場合、免税事業者だと損です。

次に、最初の例のように110万円（税込）で仕入れたモノを、330万円（税込）で販売する会社が、今年は立ち上げのために、備品ほかいろいろな買い物をして総額550万円（税込）でした。この場合はどうでしょう？

（＊）の式にあてはめると消費税の納税額＝売上につけた30万円－買い物についていた（10万円＋50万円）＝△30万円、となります。これも△、つまりマイナスの納税額です。消費税がかかる事業者（課税事業者）であれば30万円を税務署から返してもらえます。

しかし、免税事業者の場合は返してもらえず、この場合も免税事業者だと損です。

このように、輸出をメインに行う会社。売上よりも買い物が多い年に当たる会社。いずれかの場合には、免税事業者であっても、あえて税務署に「消費税課税事業者選択届出書」という書面を出して、課税事業者になることが有利になります。基本的に事前に出す必要があるのですが、設立初年度だけはその年度中に出せばよいことになっていますので、良く見極めて、有利と思ったら提出しましょう。

(注) さらに令和5年10月から始まったインボイス制度がこの判断に加わります。詳しくは「4.8　インボイス制度とは？（支払った消費税の控除にはインボイスが必要）」をご覧いただきたいのですが、これによりお取引先への配慮から、泣く泣く課税事業者になる、というケースも増えてきています。

2.3

設立後の社会保険1
（入っていない会社もあるが……）

Q 会社を設立したら社会保険に入らないといけないのですか？

A 入らないといけません。ただ、はじめのうちは入らずに済んでしまうケースもあるようです。

会社の場合、社長一人でも、会社で社会保険に入らなければいけません。（従業員5人未満の個人事業主は任意）そして、会社が入る社会保険とは、**表1**の通りです。％では分かりにくいので、給料が50万円の人の負担を示すと**表2**になります。

「本人・会社合計」とは、両者合わせていくら、というものですが、社長自身の場合、本人も会社も自分の懐のようなものです。また、他の役職員についても給与に応じて会社負担が発生するので、なんとかならないか？　という話になるわけです。

表1

種別	名称	本人・会社合計 給与に対する％	うち、会社負担
年金	厚生年金	18.3　％	9.15％
健康保険	協会健康保険	9.98％	4.99％
労働保険	労災保険・雇用保険	1.85％	1.25％
	合計	30.13％	15.39％

（％未満、健康保険は東京都の場合、介護保険は省略しています。）
（労災保険は「その他の各種事業」、雇用保険は「一般の事業」の場合。）

表2

（単位：円）

種別	名称	本人・会社合計	うち、会社負担
年金	厚生年金	9.2万	4.6万
健康保険	協会健康保険	5.0万	2.5万
労働保険	労災保険・雇用保険	0.9万	0.6万
	合計	15.1万	7.7万

（役員の場合は労働保険は発生しません。）

そこで、良くないことですが、特に設立後しばらく会社として入らない（＝加入手続を取らない）ケースが出てきます。その場合、役職員それぞれが住んでいる市区町村で自ら国民年金・国民健康保険に入ることになります。健康保険はあまり変わらなくても国民年金はせいぜい1・6万ですし、会社負担はそもそもありません。

ただ確かに短期的にコストは低いものの、年々未加入事務所への指導は強まっていて、加入は時間の問題ですし、中長期的に見れば社会保険が完備されていない会社に人は集まりにくいのが実情です。また、入れば将来もらえる年金が（色々心配はされていますが）国民年金以上に確保されます。そして、そもそも未加入は一種の違法行為であるため、社会保険未加入の事務所は各種入札から締め出されたり、上場準備に入ることはできません。

本来、強制加入なので選択の余地はないのですが、自らの会社の成長と従業員のことを考えて、やはり設立直後から入るようにした方が良いのだと思います。

2.4 設立後の社会保険２（役員と労災）

Q 役員は労働保険に入れないと聞いています。業務上のケガにどのように備えたら良いでしょう？

A 役員用の損害保険、労災の特別加入、といった方法があります。

原則として役員は労災に入れません。

労災とは、業務上のケガなどを保障する制度なのですが、労働者が入る労働保険の一部だからです。

例外として、使用人兼務役員（「1.7　兼務役員という選択（従業員の立場を持つ取締役）」参照）の場合には加入できますが、そうでない役員（代表取締役を含む）は、業務上のケガへの対処を考える必要が出てきます。

健康保険は業務外の傷病のみが対象なので、社長や役員が業務上のケガをすると、労災が使えないばかりか健康保険も使えないからです。

実際、お客様で工場設備の修理をしていてケガをされた社長がいました。

従業員であれば労災です。しかし、代表取締役なので労災は使えず、仕事中のケガということで健康保険も対象外とされてしまいました。

このような問題への対処としては、役員が個人的に入っている傷害保険等で対応するほかに次の2つの方法が考えられます。

⑴法人役員向け傷害保険への加入

⑵労災保険への特別加入

ここで⑴は、このような事態に対応した傷害保険です。民間の損害保険会社で加入でき、月に直すと千円以下で入れるものもあります。一方⑵は、制度からすれば労災自体なので本来優先的に紹介すべきものかもしれませんが、あえて2番目にしました。

実は、「社長が労災に入ることができる制度がありますよ」という営業の電話がかかってくることがあります。これは、「労働保険事務組合」といって、ここを通さないと⑵に入ることができないのですが、労働保険事務組合は、これと抱き合わせで他の事務を一括して割高に行うことが多いからです。

なお、デスクワークが中心の会社では、社長や役員が特にこうした備えをしていないことも多いのですが、それで困った話は聞きませんので、自社の業務内容等から総合的に判断されると良いと思います。

2.5

役員報酬の決め方
（儲かったらもらう方式はNG、ではどうする？）

Q 役員報酬は、はじめは低く抑えておいて、儲かったら昇給やボーナスで取ろうと思いますが、どうでしょう？

A 非常に不利なので考え直してください。役員報酬は定額が原則です。

創業期のお客様とお話していてほぼ100％出てくる話題がこれです。お尋ねはごく自然なもので、これで税金を逃れようとかではなく、順調に行くまでは自分の給与を抑えておきたい。そしてうまくいったら上げたい、ボーナスとしてもらいたい、というものです。

法的にもまったく問題ないのですが、税務上認められる役員給与には次の2つしかなく、こうした変動を許容していません。（実際にはもう1つあるのですが、上場企業にしか認められていないため、ここで

表

4月	5月	6月	7月	8月	9月	10月	11月	12月	1月	2月	3月

は取り上げません）

①　定期同額給与：毎月同額が支払われる給与

②　事前確定届出給与：事前に届け出ておく臨時の給与

このうち、毎月の給与は①ですが、これが経費と認められるためには事業年度開始から3ヶ月以内に金額が決定され、事業年度末まで同額であることが必要です。

たとえば、3月決算であれば表のようなものです。減給の場合も同じで、階段を一度上がったら、又は下りたら、そのまま年度末まで維持することが条件になっており、途中で外すとその分が経費に認めてもらえません。

その結果、特に先が読みにくい設立初年度の役員報酬も事前になんとかあれこれ予測して、たとえば次のように決めることになります。年度内の①売上を見込む　②費用（役員報酬を除く）を見込む　③利益目標を設定する。役員報酬＝①－②－③とし、これで生活できるかを判断しながら調整を入れる。

たとえば、役員報酬＝①3000万－②2400万－③100万＝500万円

となります。

なお、ここでポイントなのは、売上を堅く見過ぎないことです。今確実に見えている売上だけを見込んで計算すると、別案件のおかげで利益だけはやたらに出て税金が取られた。それならもっと役員報酬を高くしておくべきだった、という

ことはありがちです。

なお、一時的に満額払えない月があっても大丈夫です。未払金にして、払えなかった部分は、オカネができたとき支払えば済むからです。

2.6 従業員の給与の決め方1（社長の奥さんに給与を払えるか、について）

Q 妻に手伝わせる予定ですが、給与を払っても良いですか？その際、金額など、どう考えたらよいでしょうか？

A もちろん払って結構です。基本的に他の従業員と同じですが、扶養や業務の実態も考えて決めましょう。

会社のお仕事を奥様等の家族に一部手伝ってもらう、ということは少なくありません。（男女平等の観点から、手伝う人＝奥様とするのは問題があるのかもしれませんが、よくある例なので以下、社長が男性で、奥様に手伝ってもらう前提で話を進めます。）

その際に、いくらか給与をあげたいが、気をつけるべき点はあるか、さらに言うと、全額自分でもらうよりも妻に分散した方が得なのではないか？　というご質問をいただきます。

もちろん、時給計算で「今月は125200円、お疲れ様でした。」などとやっても良いわけですが、あまりお勧めではありません。

毎月の計算は面倒ですし、これにより、気づいたらわずかに扶養を超えていた、ということもあり得ます。

ここで「扶養」といったとき、年収130万円の壁を意識しておきましょう。

かつて壁というと103万円で、特にパートさんがここを境に年末に出勤調整していたくらいですから、ご記憶の方も多いでしょう。

これを超えるとご主人の扶養から外れてしまうので、その手前で働くのを控えるべき、とされてきた水準です。

今、気にすべき130万円は、超えると奥様自身が社会保険に加入すべきとされる水準です。現在は、所得税だけ考えれば壁は150万円なのですが、その手前にある社会保険による130万円の壁です。この範囲内であれば、奥様給与増が世帯の手取り増になりますし、奥様給与はそのまま会社の経費とできます。これより奥様給与は、月10万円以内なら大丈夫と言うことができます。
ただし、社長の年収が1120万円を超えると、奥様に関係する控除が徐々になくなって1220万円を超えるとゼロになります。つまり、社長の給与が高いと奥様給与が社長個人の税金を減らす効果は減る

わけですが、その他の主要な結論（会社の経費になる、税率の低い同世帯の人に所得移転になる、社会保険の壁が130万円のところにある）は同じです。

また、奥様給与は架空ではいけません。奥様が会社の活動に貢献していることが必要で、税務調査でも親族への給与は厳しく確認されますので、どのような業務をお願いしているか答えられるようにしておきましょう。

2.7

従業員の給与の決め方2
（年俸制＝残業代なし、ではない。）

Q 年俸制にすれば残業代を支払わなくて良いですか？

A いいえ。年俸制＝残業代がない制度、ではありません。ただし、実質これに近い設計はできます。

従業員を雇って残業をさせた場合、残業代が発生します。

創業メンバーが皆役員であって、死ぬほど働くのは問題ありませんが、後から雇った人にそれを求めることはできませんし、仮にできたとしても長続きさせることは難しいでしょう。

そもそも、昨今の「働き方改革」の影響で、そのような会社には人が来てくれません。

労働者に残業代（正式名称は時間外の割増賃金）は必ず支払わなければなりません。1日8時間を超えたらその時間を残業とし、基本給の1・25倍の時間単価で支払う必要があります。

よく、「うちは年俸制だから残業代は出ません」と、年俸制＝時間外手当のない制度と思い込んでいるケースがありますが、誤りです。

ただ、残業計算は煩雑だし、なんとかならないか？　という要望に応える方法があります。これは一定の内容を含んだ就業規則を作る方法です。

その場合、就業規則にたとえば、

- 給与は、基本給と時間外手当により構成されること
- 給与のうち（たとえば）2割を時間外手当とすること
- 時間外手当は、基本給×1・25で計算すること

（その他、休日、深夜についても法律に合わせた割増率で設定します。）などを定めます。

つまり、時間外手当をいかに計算するか、給与のうち時間外手当がいくらかを明示しておきます。

この結果、あらかじめ含まれている金額以内であれば発生しません。一方で、これを超えれば支払う義務が発生します。

日常的に発生する残業がこの枠内なら毎月定額で問題なし、ということになります。

なお、上記で2割を時間外手当としましたが、残業をたくさんやらせても大丈夫なように半分は残業代、などと決めないことです。

そもそも残業ありきで仕事を設計するのはすべきではない、という理由のほかに、給与の高い人でない

と、半分も残業代にすると、基本給が残り半分ということになり（最低賃金は基本給を基準にして判定しますが）、これにより最低賃金を下回ってしまって、別の法律違反の可能性が出てくるからです。

2.8

銀行口座について（意外に苦労する口座開設）

Q 会社を設立しても銀行口座の開設に苦労すると聞きましたが、何か対策のようなものはありますか？

A 万能の対策はありませんが、考慮すべき点があります。

設立後の銀行口座の開設に苦労する例は少なくなく、1週間、2週間待たされるのは当たり前。結局作れなかった例もまれにですがあります。

銀行はマネーロンダリングを防ぐことを義務づけられているからのようですが、これではせっかく法人化したのに振込先を指定できず、正式な請求書も発行できません。

では、どのような点に気をつけたらよいか？

審査基準は各行ごとに違い、公開されていません。そのため、毎月10社ちかく設立している筆者の事務所における経験や感覚になりますが、次のような注意点があります。

（設立前の準備）

・本店所在地にバーチャルオフィスを避ける

本店がバーチャルオフィスだと高い確率で拒否されます。（稀にメガバンクでも開設できるケースがあるため、断言はできませんが。）

・事業目的を整える

代表者のキャリアと関連があったり、実態が確認しやすい伝統的な商売が好まれます。

投資、金融、アフィリエイト等、目に見えない商売を前面に出すのは避けた方が良く、もしアフィリエイトであれば、「広告代理業」などとする。投資、金融の場合は後ろに入れる等の工夫をする。といった対応が望ましいです。

（設立後にすること）

・ゆかりのある銀行の支店に申し込む

本店所在地や代表者住所の近く、給与振込口座がある、住宅ローンを借りている、銀行員の知り合いがいる、その他事業でお付き合いがある、など。

(その他:ネットバンクについて)

使い勝手の良さはありますが、設立直後の口座開設は他行と同じく容易ではありません。

たとえば、ペイペイ銀行。会社のちゃんとしたホームページが必要です。実際、IT業界のお客様が、自社サイトを作ってもカネにならないからと簡単にダサいものを作って申し込んだら見事に落とされました。

会社設立では、こうしたことも配慮する必要がありますので、念頭におきましょう。

2.9

おすすめ会計ソフト（本当に簡単なのか？　使いやすいソフトは？）

Q　おすすめの会計ソフトはありますか？

A　**あります。ただし本書では、自社で会計をしない選択も紹介していますので参考にしてください。その場合は会計ソフトを購入する必要がありません。**

「3.1　自社で会計・給与をしない選択（会計事務所との上手な付き合い方）」のように、会計処理を自社で行わない選択もあります。

これには細かい会計仕訳のことがわからなくても困らない、入力担当者がいなくても大丈夫、というメリットがある一方、原則月単位でのレポートになるため、もっと短い間隔で会計データを管理したい、という要望に応えられないデメリットがあります。

そのため、タイムリーな会計データが常に必要な場合や、多少心得がある人がいる場合は、自社で会計ソフトを導入することになります。

（ほかにも、外部に資料を持ち出すのが不適当だったり、処理量が極めて多い会社も自社での入力を検討することになります。）

このような経緯で会計ソフトを導入するときに、どれが良いのでしょうか？

市販のものだけでもたくさんあってこれに会計事務所経由で導入するタイプのものまで入れると10は下りません。

会計事務所では、市販のソフトは一通り入れていることが多いのですが、その実感からすると、弥生会計（弥生株式会社）が金額的にも手ごろで、機能的にも、利用のしやすさにおいても、ベストではないかと思います。

これはマニュアルがなくても使えてしまうくらい、非常に使いやすい良い製品です。なお、弥生会計には、スタンダードと部門別管理や分析機能が多いプロフェッショナルがあり、実売8万円程度なのでプロフェッショナルを購入された方が良いと思います。

ただし、いくら使いやすくても、会計や経理について、多少の知識が必要なのは言うまでもありません。ソフトの中には、会計の知識がなくてもまったく問題なく使えるかのように謳った製品がありますが、そのようなものはなく、会計や経理の知識なしで誰のアドバイスも受けずに決算まで完成させることは100％できません。（おそらく、導入時の科目や残高設定自体ができないはずです。）

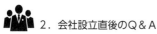

弥生会計のようなインストール型のソフトとは別にクラウド会計ソフト（freee、MF）もあります。筆者の会計事務所でも積極的に支援しているところですが、これはこれで他の会計ソフトとは異なる特徴があって、詳しくは本章コラム「クラウド会計」に詳述します。

コラム

設立直後に殺到するダイレクトメール

これをお読みいただいている方が、まだ会社設立前の場合、設立が終わった後に殺到するダイレクトメール（DM）にびっくりするかもしれません。

発信元は、オフィス用品の会社、ホームページ制作会社、OA機器の販売会社、清掃会社、生命保険会社、そして会計事務所があります。新たに設立をされた会社だと成約率も高くなるため、そこに向けて営業をかけるわけです。

では、なぜそんなことができるのか？

実は、このようなデータは「新設法人データ」と呼ばれ、しっかりと販売されています。これらデータ販売会社は、登記情報を調べ上げてそれを1件100円とかで販売しているわけです。

会計事務所だけでも何件も届くと思いますので、特に心当たりがない方は、会社を設立したら、届いたDMの中から選んでみるのも一つかもしれません。

なぜなら、自分から営業をかけている以上、熱心に対応してくれる可能性が高いからです。

しかし、ちゃんと事務所に行って、そこの先生やスタッフと会って決めてください。

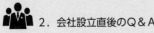

肝心なものが別料金だったり、サービスレベルが極めて低かったり、とんでもないハズレがあるからです。

以前、私共に契約変更いただいた中で、DMで契約した事務所から信じられない対応を受けていたお客様がありました。

一番安かったので契約したのだが、

・メールを一切使わず、一方的に手紙で指示や報告が来る。
・電話で質問したくても、なかなか出てくれない。
・大事な話をしようとすると、入院したのでいないと言われる。
・良かれと思って郵送した参考資料に対し、返送するのにカネがかかるから今度送ってきたら郵送代を請求する、と一方的に通知が来た。
・決算や申告の内容を聞いても説明してくれない。
・解約したいと告げたら、年度の途中までの記録をもらうのに多額の追加料金を請求された。
・契約解除後、過去の記録を照会したら、全部破棄したと内容証明郵便が来た。

作り話のようですが全て事実です。紹介であれば、こうしたことは少ないし、改善を求めるルートもあるわけですが、ＤＭ経由だとどうしようもありません。そのお客様は、税理士会にまで相談されていましたが、税理士会も個別の税理士のすることに介入できず、解決には至らなかったそうです。

とにかく気をつけましょう。

コラム

税務署からの招待状

前項のコラムにも通じるのですが、設立後に会社に届く郵便物は、民間企業からのダイレクトメールばかりではありません。

それよりは少ないものの、お役所や税務署からの招待状も含まれています。

税務署は、設立届が出てきた新設法人はもちろん、まだ届出を出していない新設法人も、管内での登記情報を元にフォローしているようで、一定期間経つとご案内や招待状が送られてきます。

ここで招待状とは、税務署が新設法人向けに行う、会社の税金一般についての、あるいは設立後はじめての決算が近づいたときに行う、説明会への招待状です。

税務署も、的外れの申告書が出されても困るため、一定の情報提供を進めているわけです。

そして、こうした説明会は地元の税理士会の協力を得て行うことも少なくないようで、筆者もその関係で講師をしたことがあります。

ただ、内容は簡単なパンフレットを使って1回限りの2時間程度の講義なので、全体像をおぼろげながらつかんで、税金のことを知るきっかけになる程度にしかなりません。

そのため、お客様から「これには行く必要がありますか？」「行かないと不利益なことがありますか？」と聞かれることがあるのですが、特にあえて行かなくても良い旨お知らせしております。

ここで説明されるようなことは、こちらからお伝えし、それ以上のフォローをしているからです。

これをお読みいただいている皆様も、税務署からの招待状が来たら、出欠の違いでその後の税務署の取扱が変わったりしませんし、内容はこの程度のものなので、時間があれば行ってみる、というスタンスでよろしいかと思います。

コラム

素朴な疑問

メルマガ「成功の研究」から（メルマガ「成功の研究」は、筆者が隔週で連載しているレポートです。）

あるオカネ情報サイトからインタビューを受けました。今回、「なんと！それを聞きますか」という質問がありました。聞かれそうで聞かれることのなかった素朴な疑問です。それは「税理士にお願いするメリット・デメリットは何ですか？」でした。でも重要ですね。これに満足に答えられなければ、自分の存在意義を答えられないに等しい。そこでこんな風に答えました。

1　デメリット

(1)　短期的にオカネが出て行く点

顧問料などの形でオカネが発生します。

2　メリット

(1)　長期的にオカネがセーブできたりプラスになる点

単に、手間を減らして本業に集中できる、というほかにも、たとえば5章のコラム「お客様への貢献について」のような話があります。

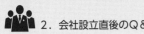

(2)多様な機会につながるハブを得られる点

銀行、信頼できる他士業、取引先、M＆A関連企業、不動産事業者等に、容易にアクセスできる立場を得られます。先日はマンション管理の相談までお受けしてマンション管理士をご紹介しました。（最初は会計事務所がチェックをすれば、マンション管理が適正化されると思われていたようです）

(3)自分だけでは得にくい情報・アドバイスが得られる点

助成金・補助金、有利な融資、投資情報、効率化ツール等々

(4)世の中のスタンダードを知りやすい点

雑多なサイトにある適当な話、噂レベルの経営者仲間の話を鵜呑みにせずに、裏を取りやすくなります。

(5)銀行や税務署に対して信頼が得られる点

たとえば税理士がついていないと調査が行われやすく、税務署の言いなりになりやすいです。先日のお客様は、以前よく調査を受けたのでなぜかを税務署に聞いたところ、「税理士をつけずに赤字申告をしているところには集中的に伺っている」と言われたとのことでした。

最近のコロナ下では2(3)(4)あたりで活用いただいていることが多いようです。こちらからも随時ご案内するのですが、助成金やら補助金、融資の情報はサイトにも大量に出ているので、

・これはうちにも使えるのか。

・適当な申請をしてオカネをもらった話を聞いたが、そのノリで自社も申請して大丈夫だろうか。

といったお尋ねにもよく接します。

さらには、事実を曲げた申請に協力を求められることもありますが、当然ながら、後で問題が起こるような話はお止めになることをお勧めしています。後で確認や調査を受けたときに申し開きのできないようなことをして、税金を減らしたり国から何かをもらったら、中長期的には絶対にマイナスだからです。

ただ、不正は止めましょう、は多少の一時的な抵抗や反発はあってもまだ言いやすい方のお話。

本当はもっと価値があると思うものの、お客様に対して言うべきかどうか悩み、そして結局はなかなか言えない話があります。

それがお客様の手がける事業の見通しです。特に、今から始めようとされている新規事業について。高い確率で失敗すると思った場合、どこまで言うべきか。なかなか難しいのです。

お客様はやる気だし、既にある程度オカネを突っ込んで体制を組み始めています。失敗の可能性は高いと思うけど、このままやれば大成功するかもしれない。そんなときに水を差すべきかどうか。注意すべき事項（たとえば、当たらなくても最低限の収入が得られる手段を確保しておく、最初から突っ込み過ぎないようにする、とかになります。）をいつも以上に伝えても、止めた方が良い、とまではなかなか言えません。

会計事務所が高度な経営コンサルティングをできるとは思っていませんが、何社もの会計を見ていれば、担当者レベルであっても、「これは外しやすいな」という事業はわかるのです。

集客に苦労するだろうな。最初は特に相当オカネがかかるだろうな。この程度の想像は簡単にできて、当たることが多い。

失敗の予想が的中したところで誰にとっても良いことはなく、なんとも難しいところです。

このあたりは明確な正解はないのだと思いますから、これからも、そのお客様にとって何がベストなのかを常に考え、対応していきたいと思います。

コラム

ちゃんとやる

メルマガ「成功の研究」から（メルマガ「成功の研究」は、筆者が隔週で連載しているレポートです。）

数年前。4、5年ほど前でしょうか。

会計税務業界でWEBマーケティング・広告が全盛となったことがありました。

今でもWEBを使った集客は盛んですが、当時は少々行き過ぎていて、下品だったり衝撃的だったり、とりあえずインパクト重視で、そんな広告が目に余る感がありました。

業界内部でのセミナーもよく開催されていて、そのとき、講師の同業の先生がこう言っていました。

「自分はちゃんと仕事をしていれば仕事がついてくると思っていた。お天道様は見ているとか、そんな感じで。でも、実際にはそれを外部に知らしめなければ仕事は増えない。だから、皆さん広告宣伝をどんどんやりましょう。」

当時の会場のニュアンスでは、ちゃんとやったって仕事は増えないんだから、ほどほどにして広告宣伝をやりましょう、という感じでした。

そんなものかな、と思いました。乗り遅れるわけにもいかないから、うちも多少下品なものにも目をつぶってやってみるか。

結果どうだったか。

インパクト重視の下品なサイトは、SEOやらリスティングやら広告費をかけても（効果はゼロではなかったものの）それほどありませんでした。会計事務所向けコンサル会社や、大手IT企業出身者で構成された会社が手をかけてもです。

一方、私達が自分達なりに良く考えたテーマのサイトは、広告費をそれほどかけなくてもお客様の方から探して来てくれました。そして仕事になりました。広告宣伝はほどほどでも効果は大きかったわけです。このことから、当然のことなのでしょうが、中身のあることをちゃんとやっている方が仕事になることを実感しました。

同様のことは、最近のできごとからも思いました。きっかけは、お客様である会社社長からのご相談。相談内容を要約すると次のようなものでした。

妻の実家で相続がらみの困ったことが発生した。もめている、というよりも権利関係が複雑で、どう手を付けてよいか、身内では誰もわからなくて本当に困っている。どうしたら良いのだろうか。

そこで私は、平均年齢30前後、料金も納得できる、伸び盛り、お付き合いのある司法書士事務所グループをご紹介しました。

それから3ヶ月ほど経ち、そんなことを忘れかけていた頃、社長と奥様からお食事にご招待されました。

「いつもありがとうございます。」とともに、「先日は本当にありがとうございました。」は？

と思いましたが、私が紹介した司法書士さんがよくやってくれて本当に助かった。料金が安いとかいう以前に、安心してお任せできた。そんな方をすぐに紹介できるとはさすがです。とのこと。

私は口を利いただけですが、その司法書士先生の活躍のお蔭で私のポイントも知らぬ間にアップしたようです。さっそくその社長は同じような悩みを抱えている知人に紹介していましたし、私も同種の話が発生したら迷わずそのグループに話を通すでしょう。

仕事をちゃんとやることが強い宣伝になっているわけです。

ここで私が紹介料をいただくわけでもなく、広告宣伝費はゼロです。

SEOやリスティングで検索結果上位を狙って何十万かけるよりもコスト対効果に圧倒的に優れています。

広告宣伝も重要ですが、ちゃんとプロの仕事をしてお客様の満足を得ることの重要性を改めて感じました。

コラム

クラウド会計

クラウド全盛の時代、会計の世界にもこの波が来ています。

代表的なものとしては、freee（フリー）、MF（マネーフォワード）があるでしょうか。

ひとことで言えばこれも会計ソフトなのですが、ネットにつながっている、あるいはブラウザで使える、最新のIT技術を採用している、ことによる次のようなメリットがあります。
(1)ネットバンクのデータを取り込める。
(2)一度行った処理が記憶されて次の作業に反映される。
(3)マックやタブレットでも使える。
(4)データがクラウドに保存されて安心。
(5)会計以外の作業（たとえば請求書発行作業）を取り込んで、業務の重複を回避できる。
ただ一方で、個人事業主はともかく、会社で使うには発展途上の部分も残されています。

特にfreeeは、エンジニアがあるべきを具現化しようとしており、良くも悪くも斬新です。

会社のクラウド会計支援サイト
https://cloud-asc.com/

会計事務所なしでも大丈夫……と参入してきた経緯もあって、以前は会社の会計に使うには実用レベルに満たない感がありました。また、会計に精通する担当者がいる会社でもうまく導入できないという問題点がありました。

しかし、徐々に改善が進み、会計事務所とも積極的に連携し、時に意見を取り入れて仕様に反映したり、さらには私共に freee を利用するお客様をご紹介いただいたり、という関係になってきました。

依然として freee やMFなどクラウド会計に懐疑的な会計事務所が多い中、私共ではあえてそれを支援するサービスを立ち上げてより積極的に支援しているところです。

全面的に変わるわけではないでしょうが、一つの将来の形と言えるのだと思うので、その流れに乗っていきたいと思っています。

コラム

応援

メルマガ「成功の研究」から（メルマガ「成功の研究」は、筆者が隔週で連載しているレポートです。）

頑張っている若い人は応援したくなる。クライアントの社長から聞くことがあります。仮にその人が、自分に要らないものを売りつけてくる営業マンだったとしても。昔はそんなもんかな、と思いました。でも、私もそれなりに年をとってきたのでわかる気がします。私自身そう思うことがあるからです。そして、振り返ると、過去の自分にも、そうしてお付き合いを始めてもらったお客様がいたのかな、ということも。

以前、引退するプロ野球選手が、「若い選手と過ごす時間が増え、心から後輩を応援するようになっていた。勝負師として違うかなと感じました」と言っていました。彼はまだ30代後半でしたが、本来はライバルとして対抗心を燃やすべき相手を応援している自分に気づいたようです。勝負の世界で生きてきた人ですらこうなるわけですから、人間には、広い意味で後進を応援する本能が備わっているのかもしれません。母性本能ではないでしょうが、それに類する何かが。

広く種の保存を考えれば、我が子でなかったとしても、自分よりも年下の世代の中でより見込みのある者に後を託そうとする気持ちを抱くことは理にかなっています。

であるなら、若い人は、それに訴えるだけの頑張りを見せることも成功の秘訣なのでしょう。あからさまにアピールするのは逆効果ですが、真剣に頑張っていれば仕事の成果に現れます。クライアントやまともに見る目のある上司であれば応援してくれるはずです。その結果、良い案件を振ってくれたり紹介してくれるし、引き上げようという気持ちになってくれます。

私自身、先日関わった不動産会社の若手営業マンが、とても頑張っていて気持ち良い対応をしてくれたので、特に義理もないのに、クライアントであるドクターをご紹介しました。

一方で、適当に手を抜いていることがわかる人は、当然応援しようとは思いません。時間がもったいないですから。特に邪魔も意地悪もしませんが、要はスルーです。おじさんになると時間の大切さもわかっていますから、無駄なことに関わりたくないですし、関わらざるを得なければ必要最低限で済ますようにします。

ということで、せっかく仕事をするのであれば、そこで応援してもらえるぐらいに頑張りましょう、ということを書かせていただきました。私だってまだまだ上の世代の方々がいらっしゃいますし、応援してもらえるように頑張ります。

コラム

中間管理職

メルマガ「成功の研究」から（メルマガ「成功の研究」は、筆者が隔週で連載しているレポートです。）

組織論という学問のジャンルがあります。切り口は色々ありますが、その典型的なものは
・ピラミッド組織
その対極の
・フラット化した組織
そして、だいたいの流れとして、フラット化した組織の方がイケてる。となります。軍隊ならともかく、ビジネスの組織で、今やネットですぐにつながれるのに階層などダサい、不要、という論調。

最近読んだ本でも、大筋同じように、これまで人間社会で生まれてきた組織形態について説明がありました。組織に関する本の多くは学者が書いています。イケてる組織では中間管理職など不要。はるか昔、公認会計士試験に向けてもこうした勉強をしましたが、学生だった私はそれを鵜呑みにしていました。

社会人になってコンサル会社に属したときも、組織を扱う本には似たようなことが書いてありました。でも実際に接するクライアントである官公庁はもちろん、公益法人、民間企業までもすべて伝統的なピラミッド組織。

それは、転職先の事業会社でも同じでした。本部があって、その下に部・課があって、さらにその下に

係やチームがありました。

私が勉強した学問からすれば、それらはすべて理想であるフラット化した組織に到達できていない過渡期の未熟な組織であるわけです。

揃いも揃って未熟な組織とは。なんか変だけど、とは思いつつ、独立しました。自ら組織を作り始めます。

はじめは当然フラット化した組織です。中間管理職などおらず、私の真下に数人が付きます。特に不便も感じませんし、指示もレスポンスもダイレクトなので早い。まぁこんなもんだよな。だって理想の組織形態だから。

そのまま人数が増えてきました。ただ、20人を過ぎようとした頃からでしょうか。かなり支障が出てきました。

- これ買って良いですか。
- これはこんな感じで進めて良いですか。
- 電車が止まっているので遅れます。
- 具合が悪いので早退して良いですか。
- 今、相談させてもらって良いですか。

全部が自分に来ます。決裁権限を持つのが自分しかいないので仕方がありません。メール・電話も使ってこれに対応します。

でも、だんだんとおかしいことに気づいてきました。やろうと思えばできるのですが、これに対応する時間が明らかに増えてくるのです。そりゃ社員が有休を取るというなら誰かが決裁すべきでしょう。ちょっとした悩みごとや相談にも上の人が相談に乗る必要があります。

そうです。この「上の人」

それを全部1人で担っていたらとてもじゃないけど無理。そこで私の下に中間管理職を数人置いてみました。私はその数人に対応し、彼ら、彼女らが、その下の数人を見てくれます。とてもスムーズです。忙しそうにしている私に声をかけにくかった社員も、すぐ「上の人」がセットされたことによってとてもやりやすそう。

そうか。中間管理職って意味があるんだ。その時、改めて実感しました。

学者が時に馬鹿にするピラミッド組織、情報の流通を阻害すると問題視する中間管理職ですが、実際に必要だから今も世の中がそうなっているのだと実感しました。

そうである以上、皆さんも組織を作る時、無理にフラット化を目指す必要はないと思います。というか、大きくなるにしたがって早晩それは行き詰まると思います。この件について言うと、私が表層だけで理解していたからかもしれませんが、学者さんたちの言うことと実際の状況は違うことがあります。学問と実践のバランスが重要ですね。

コラム

組織化に必要なもの

メルマガ「成功の研究」から（メルマガ「成功の研究」は、筆者が隔週で連載しているレポートです。）

商売柄、お客様である社長から、従業員さんに支給する給与や賞与の決定に相談を受けることがあります。

内容としては
- 今度の昇給をどうしようか
- こんな手当を出そうと思う
- 賞与はこのぐらいを考えている

どう思います？　妥当でしょうか？　他社さんはどうしているんですか？　それを考えるきっかけで多いのは
- 会社に臨時収入等、良いことがあった
- 社長のマインドが高まるできごとがあった
- 給与が低いと文句を言われた

と様々のようです。これについて、私から、その具体的金額に高い安いの感覚をお伝えすることはもちろんあるのですが、その前に必ずお聞きしているのは、「支給基準は明確ですか」つまり

・次回同じことがあったら同じように支給するのですか
・次回同じことがなければ支給しないのですか

ということです。今回の昇給、手当、賞与は、持続可能なルールの元に決定しているのかどうか。なぜなら、これが組織運営に極めて重要だからです。

今年は賞与を●円出した。それはなぜ●円なのかを説明可能であればベスト。たとえば全社業績が●円改善したから、その●％相当として●円を賞与にする。それならＯＫです。来年改善しなければ０円ですから。

そのあたりを曖昧にしたまま、今年は調子が良いから、これまで一度もあげなかった賞与を一律１人●十万あげることにした、とやるとどうなるか。

その時はもちろん皆さん喜んでくれます。社長も感謝されるでしょう。御礼を言われるかもしれません。でも感謝されるのはその時が最後です。次の年から当たり前になりますから。

翌年、昨年並みに調子良かったから今年も１人●十万あげた。みんな当たり前の顔をして受け取る。昨年はお礼を言われたりしたけど今年は何も言われなかった。

さらにその翌年。

今年は調子が悪い。賞与を出すのは止めよう。あれ待てよ。皆、今年も●十万もらえると思っているぞ。出さなかったら不満が出そうだ、どうしよう。となります。

手当や休みも同様。思い付きでやり始めると、社長以外誰も触れない人事給与体系ができあがってしまいます。秘密という以前に、例外ばかりでシステムに載せることができません。

以前、給与・勤怠管理システムの開発・販売会社の社長に話を伺ったことがあります。小さな会社ほどローカルルールが多いのだとか。

極端なケースでは、5人の会社に5通りの休暇の取り方・残業や給与計算の方法があるとのことでした。逆に人数が増えてくるにつれてその傾向はなくなるのだそうです。まぁ当たり前ですね。100人の会社に100通りの取扱などできませんから。

小さな組織を大きくしようとするときには、各種取扱を考えるにあたって、

・他への適用可能かという汎用性

・将来に適用可能かという持続可能性

に配慮しなければいけません。

言い換えると、トップとそれを支える幹部の人は、これに照らして、意思決定にあたって常に、自分は将来参照されるかもしれない「前例を作っている」という意識が必要なのだと思います。

3.

会計・給与計算のQ.&A.

3.1

自社で会計・給与をしない選択（会計事務所との上手な付き合い方）

自社で会計や給与計算の担当者を確保する必要がありますか？

特に最初は必要がありません。会計事務所に任せることもできるので、相談してみましょう。

よく「自分は○○の仕事に自信があるので今回会社を立ち上げるが、会計や給与はさっぱりわからない。大丈夫だろうか？」とお尋ねいただくことがあります。

結論から言えば大丈夫です。

ではどうするか？　会計事務所に任せることを考えてみましょう。

もちろん、単に自社で処理したものを確認してもらったり、随時相談に応じてもらう、という純粋な顧

問契約というものもありますが、処理からお願いすることもできます。

会計で2万程度。給与計算は人数にもよりますが、少なければ数千円です。プロなので効率良く問題が起こりそうなこともケアしてくれて、精度も高いはずです。

なお、月々の料金がもったいないから、と決算と税務申告だけ依頼するという選択もありますが、あまりお勧めしません。

確かに、大体のものはさかのぼって処理をすれば済むことも多いですが、そのときに届出を出していないと、指定の処理をしていないと、支払っていないと、認められない、というものがあります。

「2.1 設立後の届出1（青色申告の届出が遅れて数百万の損が出た例）」と似たようなことがあるのです。とはいえ、会計事務所には、こうした処理の代行を行わないことをポリシーとしている事務所もありますから、契約の際には、依頼する内容と料金を確認しましょう。

給与計算も同様です。

自分だけ、仲間の役員だけ、ということであれば試行錯誤でやってもかまわないと思います。間違えれば、あぁ間違えた、来月直せば良いか、で済むからです。

しかし、従業員の給与計算まで試行錯誤することは避けるべきです。

従業員の給与に対する意識は、経営者のそれとはまったく違います。

間違えていくら少なかった、計算が間に合わなくて翌日に支払われた、ということは、そのまま会社への不信感につながります。数千円浮かせることと、従業員からの信頼感とを比べたとき、どちらを選ぶべきかは言うまでもありません。

3.2 給与計算をどうするか？（意外に難しい給与計算。ソフトも簡単には使えない）

Q ソフトを使えば給与計算を簡単にできますか？

A 手計算で給与計算ができない人は給与ソフトを使えません。ソフトに求めるのは、簡単さよりも正確性と考えるのが良いでしょう。

まずはじめに、給与計算ソフトは、給与計算を分かっていない人には使うことができません。この点は会計ソフトと同様で、その存在価値は、手計算やエクセルシートで計算していれば生じるミスを防げる点です。つまり、期待すべきは、簡単さよりも正確性と安定性と言えます。

給与には、ミスは許されませんし、期限も厳格です。その要求は会計以上です。

会計は、申告期限にまでに間に合えばなんとかなるのに対して、給与は毎月の支給日を死守する必要があるからです。

そのため、会計給与を一手にやっていた担当者が急遽辞めてしまったとき、多くのケースで、「会計は後回しで良いから、給与の方をまず何とか次の支給日に間に合わせてください」とオーダーをいただきます。

給与には、従業員の厳しい目が注がれている一方、会計は経営者の意向である意味どうにでもなるからです。

なお、給与ソフトについてもう1つ気をつけるべきは、常に最新バージョンを維持していないと使えない点です。これは会計ソフトとまったく違います。会計ソフトは3年、4年、バージョンアップしていなくても問題なく使えることが多く、消費税率が上がったりしなければ、古いものをそのまま使っていても特に困りません。

しかし、給与ソフトでこれはできません。社会保険料率はしょっちゅう変わりますし、時には所得税率も変わります。年末調整の対象項目も頻繁に変わりますから、最新の状態にしていないと正しい計算が行えないのです。

このためには、必ずソフトウェアメーカーのサポート契約に入って、常に最新のバージョンアップを受ける必要があります。また、給与ソフトは、もともと会計ソフトの倍以上の値段なので、これに年間数万円のサポート契約を払い続けることを考えると、対象人数が少ないと割に合わないとも言えるでしょう。

これより、人数が少ない間は、給与計算に自信があれば自社で手計算を、自信がなければ、前節「3.1自社で会計・給与をしない選択（会計事務所との上手な付き合い方）」と同じ結論になってしまいますが、会計事務所などに任せる方が良いでしょう。

3.3

現金ゼロの会社運営（会社に現金を置かない簡単経理）

Q 会社の現金管理はどうしたら良いでしょう？簡単にしたいのですが。

A 手提げ金庫と現金ノートという従来の方法もありますが、一切現金を持たない方法があります。

会社に現金を置いて、少額の買い物に使う、というのが一般的な経理の方法とされています。

たとえば、次のようなスタイルです。

手順

(1)銀行から下ろしてきたら「手提げ金庫」に入れて、それを「現金ノート」に記入する。

(2)何か支払う際、領収書と引き換えに金庫から現金を出し、「現金ノート」に記入する。

(3)領収書は、随時「領収書ノート」に貼っていく。

図

月	日	摘要	入金	出金	残高
○	○	預金から	10		10
○	○	切手		1	9

現金ノートとは正式には現金出納帳と呼ばれるものですが、これだとすぐに問題が出てきます。

- 現金残高がノートと合わない
- 何日も前の領収書を持ってきて精算したりするので、領収書日付と出金日付が違ってきて、日々の残高が分からなくなってしまう。（後で領収書日付どおりに記入するとマイナス残高になったりする）
- 金庫やノートの管理が面倒で、置き場所にも困る。

こうした悩みに対して、現金ゼロで運営する方法をおすすめしています。これだと、金庫もノートも必要ありませんし、そもそも現金がないために、合わないこと自体がありません。

（現金ゼロの方法）

とても簡単で、「1.9　設立までにかかる経費の精算（設立後の会社から返してもらえる？）」で紹介したのと同じフォームの経費精算書を使う方法です。この場合、社長も役員も従業員も、とにかく経費はポケットマネーで立替えて、1ヶ月分をまとめて会社に請求します。そして、会社は内容と金額を確認したら、その額を給料と一緒に銀行振込をします。その結果、会社は現金を一切持たなくてもよく、面倒な現金管理とも無縁でいられるようになります。

筆者の会計事務所のお客様でも、設立当初だけでなく、企業規模が大きくなってからもこのシステムで便利に運用されている会社さんがたくさんありますので、十分に検討の余地があると思います。

3.4

領収書のもらいかた（電車バスは？　コンビニでは？　振込の場合は？）

Q　領収書はもらわないと経費にできませんか？

A　基本的にはもらう必要があります。ただし、例外もあります。

会社の経費にする場合、領収書が絶対必要かというとそうではないのですが、領収書は、もっとも証明しやすい資料なので、しっかりともらいましょう。

なお、領収書の要件は、次とされています。（実際には、直接規定する法令はありませんので、消費税法の規定その他実務上の要請からになります。）

それによりますと、㋐日付、㋑相手先、㋒金額、㋓内容、㋔作成者。そして令和5年10月以降、インボイス制度により㋕登録番号も表示が求められるようになりました。（なお、㋕は、これこそ消費税による

図

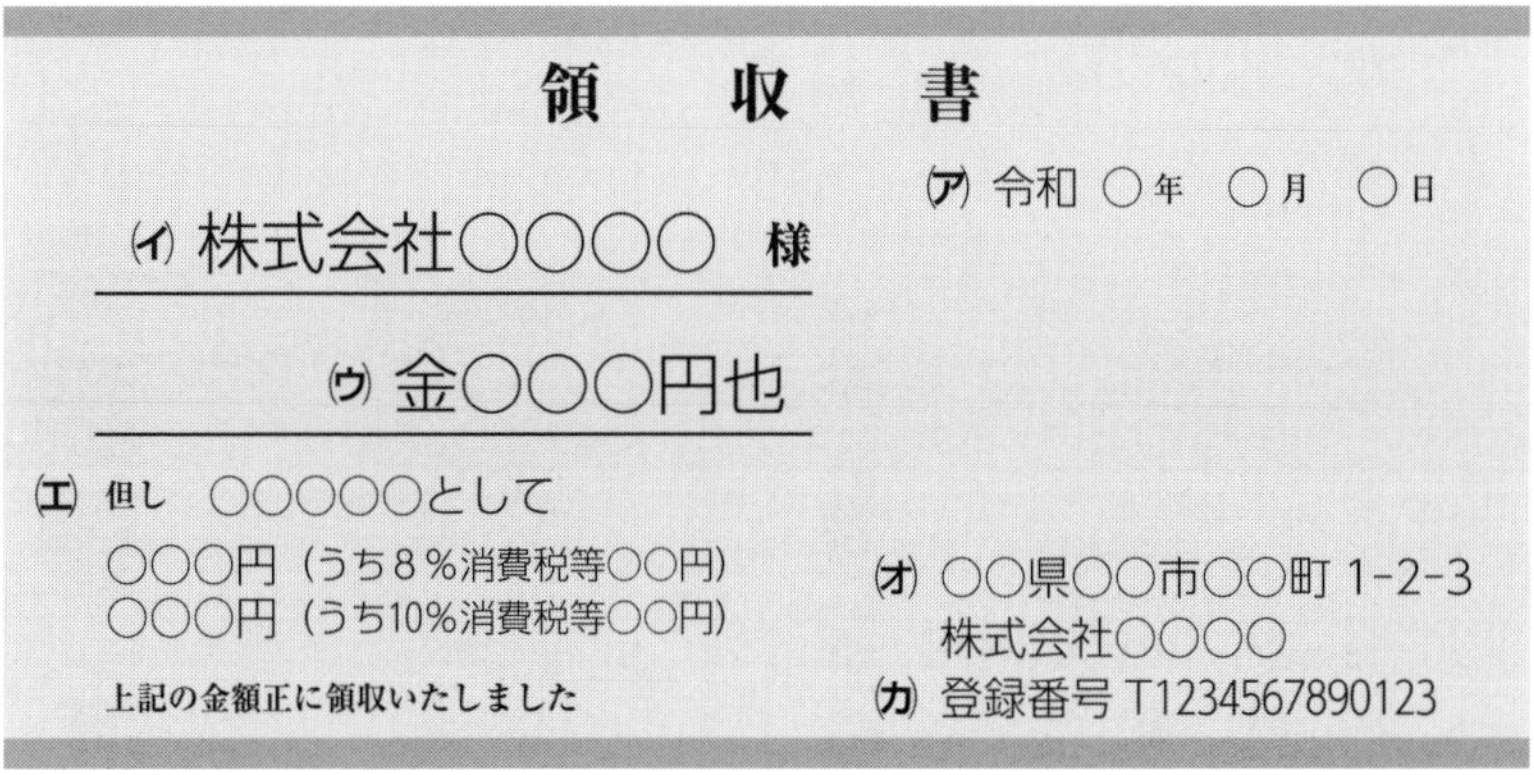

領収書

(ア) 令和 ○年 ○月 ○日

(イ) 株式会社○○○○ 様

(ウ) 金○○○円也

(エ) 但し ○○○○○として

○○○円（うち８％消費税等○○円）

○○○円（うち10％消費税等○○円）

上記の金額正に領収いたしました

(オ) ○○県○○市○○町 1-2-3

株式会社○○○○

(カ) 登録番号 T1234567890123

項目です。この記載がなくても経費にすることに問題はありませんが、消費税の計算は不利になります。）

したがって、宛名のないレシートは(イ)を満たしていないわけですが、これが必ず×かというと、少額な場合には税務署の担当官もそこまで言ってこないことが多いようです。たとえば、コンビニエンスストアでミーティング用のお茶を買った場合、これがレシートだったので認められなかった、という話は聞いたことがありません。

また、もともと領収書がなくてOKとされているものに電車やバスがあります。電車やバスは、領収書がないことの方が一般的であるため、社内的に作った精算書等の記録で代替可能とされています。

さらに、銀行振込の場合も、振込記録でOKとされています。ただし、その場合も振込の根拠となった請求書等で、(エ)内容、(オ)作成者の名称や住所、所在地が明らかになることが求められますから、あわせて保管しておくようにしましょう。

3.5

年末調整（年1回の特殊なイベントを乗り切るには）

Q　当社は人数も少なく、皆自分で確定申告すると言っているので、年末調整はしなくて良いですか？

A　年末調整は会社の義務なのでしなくてはいけません。

税金にちょっと詳しい役員や従業員は、かえって会社を困らせてしまうことがあります。完全に理解していないことが多く、年末近くになるとたまに「うちのAなのですが、自分で確定申告をするから年末調整書類は出さなくて良いはずと言っています。どうしましょう？」というご相談があります。

確かに年末調整は個人の税額確定なので、どうせ自分は後で確定申告するのだから会社に書類を出さなくても問題ない、というのは当人にとってはその通りかもしれません。

しかし、会社にとって年末調整は義務であって、社員として今年1年給与計算をしてきました、この先

もしていきます、という証明となる書類（最低でも扶養控除等申告書）は出してもらわないといけないわけです。

つまり社員が個人的に後で確定申告しようが、これとは別に会社は年末調整をする必要があります。

ただ、年末調整は年1回ですし、毎月の給与計算以上に難しい処理です。計算だけでなく、結果として出てくる源泉徴収票を発行したり、関連書類を役職員の住む自治体に送付したり、色々と派生業務もあります。そのため、これを経営者自ら勉強して作業するのはやめた方が良いと思います。

では、どうするか？

日頃の会計税務の契約があれば、その会計事務所に任せるのが良いでしょう。逆に、なければ、単発でも請け負っている事務所を探してください。

（ただ、年末調整業務は、決算月が何月の会社であろうと、毎月12月から1月の間に集中しますから、少し難しいとは思います。）

なお、給与計算の一環として、社会保険労務士事務所でも受けてくれることがあるのですが、年末調整は所得税の確定業務の位置づけを持ちますので一応ＮＧとなっています。

（税理士会と社会保険労務士会との間でそうした棲み分けになっているのですが、実際は必ずしも徹底されていないようです。）

3.6 社長と会社の貸し借りはどうする？（金利は付ける？　その利率は？）

Q 会社が社長からオカネを借りることはできますか？（その逆はできますか？）また、金利はつけるのでしょうか？

A 会社と社長との間で貸し借りすることはできます。なお、金利は、一定の場合つけなければなりません。

会社を始めると、思うようにオカネが回らないことがあります。会社の売上が落ちている場合にはもちろんですが、むしろ売上が伸びている場合こそです。

なぜなら、売上は自社より大きな企業に立てて、仕入や外注は自社より小さな企業や個人事業主に払うからです。

そして、売上の回収には1、2ヶ月要したり、場合によっては何ヶ月も先の手形であるのに対し、従業員への給与の支払は当月払い、下請けにも翌月には払ってあげないと立ち行かない、ということが良くあ

ります。

この結果、売上が上がれば上がるほど当座のオカネが足りなくなってきます。

このようなポジティブな理由の場合、銀行も融資してくれますが、さすがに今日頼んで明日、という具合にはいきません。

そのため、社長が個人的に会社にオカネを貸す必要が出てきます。また、最近は資本金を少額で立ち上げる会社が多く、かなり早い段階で必要になるケースも多いようです。

このような場合、会社は社長に金利を払うべきでしょうか？

答えは、「もちろん払って良いのですが、税務上は必要ありません。」です。

会社の経費にはなるものの同額が社長の雑所得になるだけなので、実際に金利を取っている事例もあまり見ません。

一方、会社に余裕資金が出てきた。会社に置いていてももったいないので、社長が個人的に借りて別の使途に充てたい、といった場合はどうでしょう？

答えは、「金利を取らなければいけません。そうしないと給与扱いされます。」です。

給与扱いされる、とは、本来払うべき利息が給与とされる、ということです。

これにより社長には所得税が発生し、また、臨時の役員給与として税務上、会社の経費にもなりません。

では金利は何％にすべきか？

外部の金融機関からの借入を充てている場合にはその金利以上、そうした借入がない場合、《利子税の割合の特例》に規定する特例基準割合による利率となっています。（令和6年の貸付であれば、財務大臣が告示する平均貸付割合＋0.5％である0.9％。）これは従業員が相手でも同じです。

なお、災害や病気などで臨時に多額の生活資金が必要となった役員や従業員等に対し、例外的にこれより低く、もしくは無利息で貸付けても差支えないとされています。

3.7 コーポレートカード（本当に事務作業は楽になるのか？）

Q コーポレートカードを使うと楽だという広告を見ましたが本当ですか？

A 確かに社内のオカネのやり取りが減りますが、かえって大変なことも出てきますので注意してください。

コーポレートカード（法人のクレジットカード）は、新しい会社でも比較的簡単に発行してもらうことができます。「経費精算が楽になります」と宣伝されることも多く、もともと自社のカードを利用する満足感も手伝って、積極的に導入する会社もあるようです。

しかし、「精算が簡単」とは、単に会社役職員間のオカネのやり取りが減る、という点に限ってのことで、かえって面倒なことも出るので注意が必要です。

起こりやすいのは、

(1)カード払いの領収書を現金払いの領収書と一緒にして会社に精算書を出す。
(2)カード払いの分は直接会社の口座から落ちるため、精算書から外すべきだったことに気づく。
(3)どれがカード払いだったか、精算書とカード明細を突き合わせて遡って調べる。

というケースです。

つまり、二重精算が本人に悪意がなくても起こりやすくなります。

対応としては、コーポレートカードで払った時の領収書はカード利用明細と一緒に管理し、現金払や個人が立替払いしたものと厳密に分ける、といったことが必要になります。

なお、カードの利用明細が無条件に領収書代わりになることは期待しないでください。「3.4　領収書のもらいかた」（電車バスは？　コンビニでは？　振込の場合は？）でご紹介したように、カードの利用明細は領収書の要件を満たしておらず、毎月カード引落になっているものや、ネットショップ等を利用して領収書を入手できない、といったやむを得ない場合を除くと、そのまま利用できません。

また、コーポレートカードは、当然私用にも使えてしまうため、これが含まれていると区分の必要があり、ますます話はややこしくなってきます。

つまり、こんなことであれば個人のカードで支払って、他の現金払い分とともに会社に精算を求めた方が簡単です。そのため、単にコーポレートカード＝簡単、という判断ではなく、しっかりと検討の上、導入する必要があります。

3.8 住宅手当と社宅（社宅を利用した節税）

Q 基本給とは別に住宅手当を出そうと思います。税金面で有利になりますか？

A 給料の一部として所得税がかかり、特に有利ではありません。この場合、借り上げ社宅を検討すると良いでしょう。

まず、基本給とは別に、住宅手当の名目で支給しても、何ら税制上メリットはありません。（非課税となる通勤手当とは、ここが違います。）全額基本給としても、一部を住宅手当として分けて支給しても、給料としては同じなので全額に所得税が課税されます。

ただしこれを、いったん会社が借り上げ、それを社宅にすると扱いが変わってきます。

たとえば、家賃10万円の人に、会社が3万円補助するケースを考えてみましょう。（本人が7万円、会社が3万円、負担することになります。）

パターンA：住宅手当を3万円出す

本人の給料増として3万円に所得税がかかります。

（本人が7万円、会社が3万円、負担することは変わりません。）

パターンB：10万円で借り上げ、本人から7万円の家賃を取る

本人は3万円得ですが、これに所得税はかかりません。

（負担はAと同じ本人7万円、会社3万円です。）

つまり、会社も本人もまったく同じ負担なのに、B（社宅）だと所得税がかからないのです。

パターンC：10万円で借り上げ、本人からは家賃を取らない

本人は10万円得していて、税務上計算される一定額に所得税がかかります。

BとCとでは、会社が最初に全額負担している点で同じです。

しかし、Bは本人が一部負担しているのに対し、Cでは一切負担していない点が違います。

本人負担が極端に低いと、「給与と同じ」と扱われて所得税がかかるのです。

そこで、「では、本人はいくら負担すれば大丈夫なのか?」特に、社長自身の場合、会社負担にできる部分が大きいと、会社の税金も下がります。

これは上記「税務上計算される一定額」と同じなのですが、しっかりと基準があって、固定資産税評価額を基礎として難しい計算式が定められています。ただ、計算が面倒なのと、賃借人の立場から、物件の固定資産税評価額を調べることが大変なので、便宜的に、たとえば従業員は家賃の2割、役員は4割、といった基準を設けて本人に負担させたりします。(役員が4割なのは、従業員の倍の負担率であるべきことが定められているためです。)

借り上げ社宅。節税の1つとして検討してみましょう。

3.9 クルマの買い方（名義について）

Q クルマを買う場合、もしくは、自分のクルマを会社で使う場合の注意点はありますか？

A 何より会社名義にすることが重要です。個人名義だと最低限のものしか経費にできません。

以前は、会社のクルマは4ドアでないとダメ、ボディーに会社名やロゴが入っていないとダメ、1台しかダメ、と色々言われていた時代がありました。しかし現在は、もちろん業務に使うことが前提ですが、そのようなことはないようです。

この場合、もっとも気をつけるべきは会社の名義であることです。

会社名義であれば、要は社有車ですから、本体はもちろん、修理代や車検代、タイヤ代等のメンテナンス費用もすべて会社で負担できます。

一方、個人名義であれば、せいぜい業務のためにかかったガソリン代、高速代、パーキングの費用程度を経費にすることしかできません。

税務署の担当官としても、個人名義の車の経費を否認するのはかなりやりやすいようです。

そのため、会社で使用するクルマを購入する場合には、設立したばかりで会社でローンを通すのが大変だったりするかもしれませんが、会社名義にこだわってください。

また、もともと個人で使っていたクルマがあるので、それを使うつもり、というのであれば、個人から会社に売ると良いでしょう。

この場合、いくらで売る（会社にとってはいくらで買う）かは、中古車情報誌や情報サイトで、車種、年式、走行距離の似たクルマを選んで参考にします。そして、その参考情報はしっかり保存しておきましょう。もちろん、しっかりと陸運局で名義変更をしておきます。さらには、会社・個人間で簡単な契約書をセットすればより完璧になります。

会社はこれを中古車として受け入れて、本体は減価償却の手続を通じて、それ以外のメンテナンス費用はそのまま、会社の経費にすることができるわけです。

税務署は、決して形式ばかり見ているわけではありません。

むしろ実態を重視する傾向にありますが、だからといって形式をおろそかにせず、整えておくに越したことはありません。

今回のクルマの問題に限らず、形式さえ整えておけば主張可能であるものも、それがないばかりに税務署への主張がお願いベースになってしまう、ということがあるからです。

3.10

そもそも利益とは？

（預金残高と利益は無関係。借入金返済＝費用という誤解）

Q **利益が出ているはずなのにそれほど預金がありません。計算が間違っているのでしょうか？**

A **利益が増えても、単純に預金は増えません。預金から利益を推し量ることは危険なので注意してください。**

「利益が出ると税金がかかる。」これは基本的に正しいです。

一方で、「利益が出ると同額の預金があるはず。」これは基本的に誤りです。

ですから、次もすべて誤りです。

- 預金が少ないと（利益も少ないので）税金がかからない。
- 預金があると（利益が出ているので）税金がかかる。
- 預金が減る行為は費用である。たとえば、借入金の返済は預金を減らすから費用。

その理由を簡単に考えてみることにします。

まず、次の基本を知っておくと良いでしょう。
①利益＝収入－費用である。②収入、費用は、モノやサービスをやり取りしたときに増加する。（オカネをやり取りしたときとは関係ない！）③収入、費用とは無関係にオカネが動くことがある。
①はわかっても、②、③がピンと来ないことが多いようです。
たとえば、単価500円の商品を、今月A社とB社に1個ずつ納品した。A社はその場で現金払い、B社は翌月払い。この場合、今月の売上はいくらでしょう？

答えは1000円です。（500円ではありません。）モノをやり取りしたのは2社とも今月だからです。

それでは、翌月の売上はいくらでしょう？

答えは0円です。（500円ではありません。）モノが動かなかったからです。今月はオカネが500円しか入ってこないのに売上は1000円、逆に来月はオカネが500円入ってくるのに売上ゼロなのです。

このことから、オカネをもらう時期を操作しても利益は操作できないことがわかると思います。また、利益はあるのにオカネのない「黒字倒産」の意味も分かってきます。さらに、③の意味も分かります。債権（売掛金）を回収しても利益になりません。また、これを類推すると、債務（借入金）を増やしてオカネが増えても利益にならず、返してオカネが減っても費用にならないことも理解できます。

このような理解は、経営のコントロールに重要な基本事項なので確認しておきましょう。

3.11

資産と減価償却（10万、20万、30万の壁）

Q

資産計上が必要、減価償却をする、とはどういうことでしょうか？

A

複数年使えるものは全額をその期の経費とせず、いったん「資産」とします。「資産」は利用可能期間にわたって徐々に経費にしていきますが、それを「減価償却」と言います。

何年も使えるモノを買った場合、いっぺんに経費にせず、何年かに渡って分割して経費にしていく、という基本的な考え方があります。

これは、使った経費は、それで得た売上と同じ年度に対応させるという基本原則によっています。（専門用語では「費用収益対応の原則」と言います）

しかし、はさみや電卓などにまでこれをやると大変なので、少額なものはこの対象から除外することとなっており、まとめると**表**のようになっています。

表

<table>
<tr><th>単価</th><th>原則</th><th>中小企業</th></tr>
<tr><td>10万円未満</td><td>全額経費処理</td><td>全額経費処理</td></tr>
<tr><td>10万円以上20万円未満</td><td>3年均等償却</td><td rowspan="2">全額経費処理（*）</td></tr>
<tr><td>20万円以上30万円未満</td><td rowspan="2">資産計上</td></tr>
<tr><td>30万円以上</td><td>資産計上</td></tr>
</table>

（*）上限は300万円まで

ここで資産計上とは、経費にする前にいったん「機械」や「備品」などとして現金や預金と同じ資産として扱うことです。

そして、法律に定められた年数にしたがって経費にしていくことになります。（ちなみに、乗用車なら6年、パソコンなら4年、と決まっています。）

ここで、資産を経費にしていく流れを減価償却と呼び、その経費の名前を「減価償却費」と呼びます。

そのため、当座の税金を減らすために利益を減らしたい、という会社は、期末直前に買っても全額が経費になる、30万円未満の物品を好んで買うことになります。

（その対象となるのはパソコンなどが多いようです。）

なお、この金額の判定基準は単価です。

単価は、通常1単位として取引されるその単位ごとに判定し、たとえば、応接セットであれば、通常テーブルと椅子が1組で取引されますから、1組で判定します。

したがって、無理に部品単位に分解して単価30万円未満に落とす、といった操作はできません。

3.12

電子取引記録の保存
（令和6年からの電子帳簿保存法）

Q メールで受け取った請求書やサイトでダウンロードした領収書等は印刷して保存しておけば良いですか？

A 印刷したものを保存した場合でも、令和6年からは電子データの保存が必要です。

注文書、契約書、送り状、領収書、見積書等、こうしたものがメール添付やＷＥＢサイトでのダウンロードでＰＤＦファイル、という機会が増えてきました。そしてこれまでは、とりあえず印刷しておけば、税務調査で尋ねられた時もそれを見せることで何ら問題ありませんでした。むしろ、データだとすぐには確認できないから紙に保存していてあなたはエライ、というくらいの感じです。

しかし、電子帳簿保存法では、「電子データ」での保存が必要です。税務調査で聞かれたら、元データを探して調査官に提示できるようにしておいてください。

つまり、印刷したからといって、データを捨ててはいけません。ただ、逆に言うとそれだけ。

実はこの電子帳簿保存法。当初令和4年施行だったものが、保存の要件が厳しすぎたため多くの会社が現実的に適応できないとなって2年延期となり、令和6年に「猶予措置」とともに改めてスタートしました。

この「猶予措置」により、「相当の理由」があれば本法が定める厳しい要件を満たすシステム・制度（タイムスタンプ、訂正削除履歴、指定条件による検索、事務処理規程等）は用意できなくて結構。その代わり、税務調査の際に元データを提示できるようにしてください、となりました。「相当の理由」は本来の電子保存の要件を満たすのが難しいと説明できれば足りるものと考えられており、事前の申請も必要ありません。

また、これは恒久的な取扱いでもあって、経過的に緩和されているわけでもないので、結果として、

- 特別なシステム等の導入は不要。
- ただし、データは提示することがあるので捨ててはいけない。

という結論になっています。

当初は、単に当初の制度が令和6年に延期になっただけと理解されていたこともあり、現在に至るまで「請求書を紙に印刷して保存するのは禁止」とするTV・CMに不安をあおられたり、コピー機の営業さんから、「このシステムを買わないとダメです」と言われて困惑するお客様がいらっしゃるのですが、どうかご安心ください。

コラム

これはいくらなのか？……原価計算の話

今１０００円で販売した商品はいくらなのか？　簡単な疑問ですが、実は深いものを含んでいます。

これが外から買ってきたものであれば比較的簡単です。

ただその場合でも、まとめ買いして安かったものと、後で単品で買って高かったものが混ざっている場合はどうでしょう？　１個４００円で買った、これは６００円だった、と印をつけていればなんとかなるかもしれません。

では、それがガソリンのような液体だったらどうでしょうか？

今売れたガソリンは１リットルいくらで買ったガソリンなのか？

自社がメーカーだとさらに話は複雑です。

材料を買って、加工して製品にするわけですが、材料は１つではありません。

その材料１つ１つに先ほどのような、まとめ買いをした、単品買いをした、という話があります。

また、加工中に作業くずが発生したり、失敗するものも出てきます。

作業者の給料も時給１２００円のアルバイトもいれば月給50万円の人もいます。さらに、加工のための機

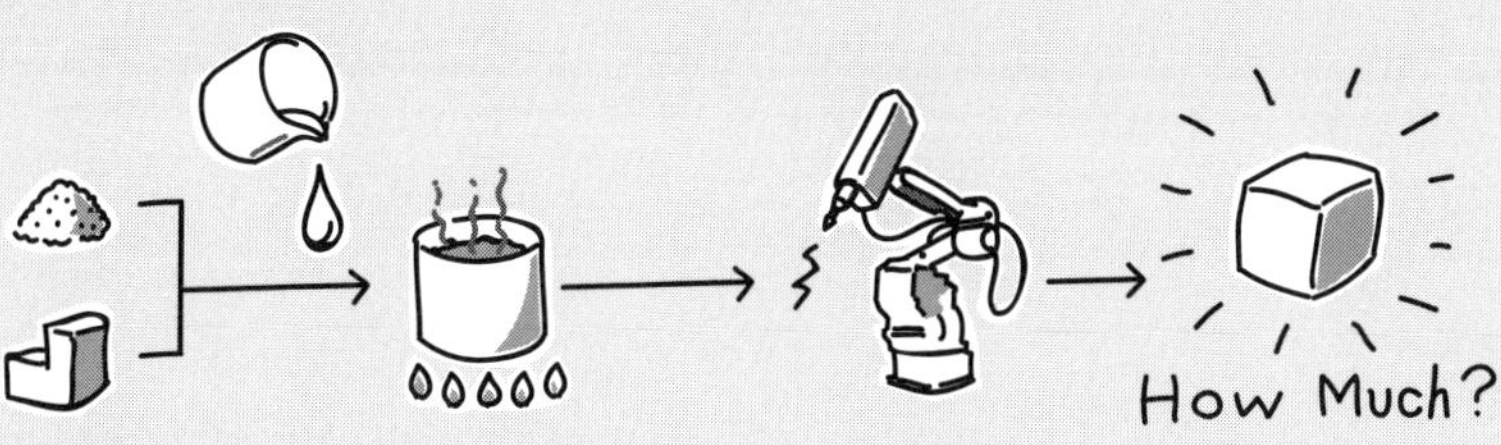

械を使います。

その機械は5000万円で7年使えるもので年間のフル稼働時間はX時間だとか、金型は1000万円で3年だ、という話が出てきます。

これらに対応する学問として原価計算があります。原価計算は、簡単にいうと、自社はいくらで製品を作ったのか？　を計算する方法を扱っています。

つまり、このくらいちゃんと考えないと、今売れたモノがいくらなのか分からない状況が実際にあるのです。そのため、メーカーでは、原価計算をしっかりと理解していないといけません。

また、世の中には10万円前後で売られている会計ソフトは山ほどありますが、同レベルの原価計算ソフトは1本もありません。

何百万、何千万円の世界では、基本パッケージをカスタマイズ（改造）をする形で自社向けのシステムを組んだりしますが、できたばかりの会社ではできませんし、会社ごとに製造工程も異なるため、原価計算の理論を前提に自社で工夫して作り上げていくことが必要なのです。

原価がわからなければ利益も当然わかりませんから、とても重要な考え方になります。

会計の扱う深い世界を身近に感じてもらえるかと思い、書いてみました。

コラム

無知のコスト

メルマガ「成功の研究」から（メルマガ「成功の研究」は、筆者が隔週で連載しているレポートです。）

勉強しない。テレビやネットで好きなものだけ見る。ありがちで、オカネもかからないライフスタイルのように見えます。

（ここで勉強とは、学校の勉強に限らず、社会に出てから自ら行う、読書、セミナーや教室での受講、情報収集、資格取得、仕事がらみの知識の深掘り、すべてを広く含む概念です。）

でも別の側面から見たらものすごい高コスト。自分ができたであろうこと、将来できるであろうこと、を自らドブに捨て続けているからです。

・できたであろうこと、
・就いていたであろう仕事、ポジション
・得ていたであろう年収
・培ったであろう人間関係

を捨て

・しなくても良い苦労
・避けられたであろう失敗

を次々と受け入れていくわけです。宇宙飛行士の野口聡一さんが、訓練についてこんなことを書いていました。『宇宙に行くことは地球を知ること「宇宙新時代」を生きる』（光文社新書）

宇宙に行くには訓練が大変そう。やらないで行けないの？という疑問をよく受けるようなのですが、それに対しての答えがこれ。

「結局、「訓練とは権利」なんです。宇宙飛行は訓練が大変というイメージがあるかもしれませんが、訓練を減らすやり方はいろいろあります。ただ、自分ができることが減っていくだけです。

ＩＳＳで水を一滴も飲むつもりがないなら、ＩＳＳの調理台の使い方を訓練する必要はないし、寝室を使わずに廊下で寝るだけでいいなら、個室の使い方をマスターする必要もありません。極論をいえば、助かりたくないなら訓練ゼロで宇宙に行くことも可能だと思います。」

なるほど。宇宙で何もせず（食事も排泄もせず）存在しているだけなら訓練は不要のようです。でも訓練をすれば色々なことができるようになる。だから、訓練は義務ではなく権利である。

ちなみにその野口さん。昨年11月、あのイーロンマスクのスペースＸ社が開発・運用する宇宙船クルードラゴンに乗り込んで打ち上げられ、現在、国際宇宙ステーション（ＩＳＳ）に到着・滞在中です。洗練された白の宇宙服。出発前の地上移動はガルウィングのテスラ。

ちょっと前にはスペースＸは実験で爆発事故を起こしていましたが、既に有人飛行で運用中なんですね。イーロンマスク恐るべし。

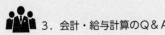

野口さんのツイッターも宇宙からの写真が日々UPされていて素敵です。野口さんも膨大な訓練や勉強の延長上に今があるのでしょう。

大人になったら避けてしまいがちですが、勉強は権利。意識して勉強をし、自分のできることを拡げていきましょう。

何もしないことは、タダで安上りなのではなく、膨大なコストを負担し続けているのと同じですから。

私も他人事ではないので日々勉強します。

********************　あとがき　********************

中1の息子と小4の娘にメルカリを教えたところ、年末年始の祖父母の家で次々に現金化し始めました。祖父母も、捨てるのは嫌だけど誰かに使ってもらえるのなら、と協力的。孫たちは業者のように写真を撮って商品情報を登録していきました。ただ、モノの価値というのは難しい。

古いフィルム式カメラ

おじいちゃんは、以前もっと高く買いたいという人がいたんだよ、と言うのですが、似たものを検索して2500円で出品。直後に買い手がつきました。すぐ売れたね、とお茶の間で話題にしていたら、別の商品を買ってくれた人からの取引メッセージが。

「おせっかいながら、先ほど出されていたカメラ。レンズだけで2万円以上するものですよ。」

‼

見かねて教えてくれたようです。型番とかそれ以前に、レンズのボディに刻まれた数字を見るだけで、その性能がだいたい分かるとのこと。（クルマであれば、２５０㎞／ｈまでスピードメーターがある!、という感じらしく）

ここでも無知のコストが高いことを学びました。

コラム

愛犬を経費にする？

はぁ？　と思われる方も多いと思います。

もう10年以上前の話ですが、金属加工をされるお客様からお問い合わせをいただいたケースです。

自社のものはもちろん、お客様からお預かりした材料を、屋内だけでなく、どうしても屋外に置かざるを得ないものが出てくる。

そこに犬小屋を買って、番犬を置きたい。これを会社で負担することができるか？というお尋ねでした。

犬小屋は消耗品費でしょう。

ただ、警報機や監視カメラならいざ知らず、番犬となると即答しかねるため、調べることとしました。

ちなみに、物品の場合、金額にもよりますが、機械や設備、備品であれば、サーバーは5年使える、パソコンは4年使える、と決まっていて、その期間で費用にしていくことになっています。

生物も、たとえば繁殖用の牛は6年、競争馬は4年、と定められており、まずは、この範疇で番犬も検討することとしました。

ちなみに、ここで4年だ、5年だ、と決めているのは、財務省令「減価償却資産の耐用年数等に関する

省令」という規定です。

あれこれ検討した結果、番犬は、最終的には次の区分に該当して計上可能との結論に達しました。

減価償却資産の耐用年数等に関する省令、別表第一　機械及び装置以外の有形減価償却資産の耐用年数表より、

種類：器具及び備品

構造又は用途：10生物

細目：動物―その他のもの

耐用年数：８年

筆者自身も家で犬を飼っているので、それを「器具及び備品の枠内で計上し、今回の場合は30万円未満だから、購入年度に全額損金処理可能」、などと結論付けるのは、どうも違和感がありましたが、結果的に会社の経費扱いとすることになりました。

ただ、ご安心ください。

会社の帳簿で経費扱いされたワンちゃんでしたが、社長ご一家や会社の方に大切にされた後、天寿をまっとうしました。

コラム

経営課題としての労働者問題

メルマガ「成功の研究」から（メルマガ「成功の研究」は、筆者が隔週で連載しているレポートです。）

ブラック企業問題、働き方改革、といった風潮がある中、あえて誤解を恐れずに言いますと日本の経営者は、必要以上に労使問題でのリスクにさらされています。

世の中には、残念ながら一定割合、権利だけ主張して義務を果たさない人がいますが、それを雇った経営者は、今の日本では基本的にがまんするしかありません。

犯罪的なことでもしない限り、解雇できないからです。

そして、がまんできず解雇した場合、ネットで都合の良い話を調べ、知り合いや労働基準監督署に相談して攻撃してきます。

最近は積極的にこうした問題にかかわる弁護士さんも増えてきており、不当解雇だ、残業代の未払いだ、と訴えられる経営者も増えてきました。

そして、私が見る限り、こうした問題は、労働者側に偏った和解を勧められて決着することが多いようです。

ここに至る制度の背景には、経営者＝強者、労働者＝弱者という、戦前戦後のある時期にあった社会構造が基礎なのだと思いますが、現在の状況に照らしてこうしたケースを考えてみてください。

リスクを取ってなんとか起業したAさん。

そのAさんの会社に、転職を繰り返してたまたま入社したBさん。

AさんとBさんが争ったとき、どっちが強者で、どっちが弱者でしょうか？

時間的・金銭的余裕がある点で、むしろBさんの方かもしれません。


Bさんはさらに別の会社に転職して、収入も時間も保証された上で、要求をひたすらAさんに向けていきます。


一方のAさんは、自分の事業を切り盛りするのに精一杯で、時間もオカネも余裕がありません。その上でBさんとの争いを受けて立たなければならないのです。

上がる土俵も、労働者であるBさんに有利に作られています。


こうした課題を未然に防止するための対策も多少はあるので、会社を経営されている方、将来起業しようと思われる方は、もちろん専門家を味方につけることも重要ですが、ご自身でも労働問題についてしっかりと認識して最低限のことは勉強しておいた方が良いと思います。

自分が社会人になったときはこうだった、で決めてかかると思わぬ問題を引き起こすことがあります。

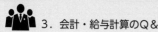

コラム

行動力

メルマガ「成功の研究」から（メルマガ「成功の研究」は、筆者が隔週で連載しているレポートです。）


「成功する人のもっとも重要な条件はなんでしょうか?」

先日ある社長に聞かれました。

多くの経営者に会うだろうから、考えを聞かせてほしいということで。


私のメルマガでも、これを主要テーマとして扱ってきて、多くの要件を掲げてきたところですが、「もっとも重要なものは?」という問いに対して少し考えてみました。

少し考えてみて「行動力だと思います。」と申し上げました。

実行力と言ってもよいのかもしれません。


その社長も同感だということでしたが、要は、どんなに良いことを思いついても、それをアウトプットするタイミングがないと何も起こらないからです。

良いと思ったらやってみる。

その中には外れるものもあるでしょうが、大当りするものもあるかもしれません。

何もやらなければたしかに外れませんが、当たることもありません。

もちろん、むやみに実行するのではなく、その前にもろもろのリスクや費用対効果を考えるわけですが、とにかく実行する前提で検討するわけです。


ここまで読まれて当り前すぎる、と思われたかもしれません。

そして、既に俺は／私はこのくらいのことは分かっている、ということだと思います。

では、それを基礎に行動しているのか？　自問してみましょう。


していればOK。していないのであれば、知らない人・分かっていない人との違いはどこにあるのかを考えてみると良いでしょう。


私も、良いことを思いついたらやってみる。やってまずかったな、と思ったら次の参考にする。

そのつもりで色々とやっていこうと思っています。

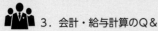

コラム

グレーとブラック

メルマガ「成功の研究」から（メルマガ「成功の研究」は、筆者が隔週で連載しているレポートです。）

お客様との間で、ある事案に対し、これはグレーだブラックだという話になることがあります。ただ、このグレーに対する考え方がお客様と違う場合があって、そのすり合わせが必要な場合があります。

私達がグレーというのは、税務署と見解が相違する可能性がある、という意味です。一方、時にお客様がグレーというとき「バレやすいかどうか」を意味していることがあります。バレたらダメだけど、バレる可能性が低い。だからホワイトに近いグレーだ!?

私達からすれば全然違います。まず、見つかって申し開きができないものはブラックそのものです。さらに、その考え方で対処すれば当然隠す方向に持っていくわけでしょうから、真っ黒です。

仮装または隠ぺいをした、は本税（本来の税金）に加えて、重加算税という懲罰的に加重された税金の課税要件を満たします。

その背景にはネット、時には本にも無責任な話があり、乗せられたお客様（特に個人の方）の対応に困ることがあります。

たとえば、個人で賃貸不動産を買った方。サラリーマンで給与に源泉徴収されてきた反動から、時に何でも経費をつけようとします。

友人もやっている、ネットでやっている人のブログを見た。これで調査官が説得できるはずがありません。

どうせネットを見るのであれば、国税庁のタックスアンサーもしくは国税不服審判所の裁決事例を見てください。（本当はその先で裁判になった事案であれば判例もなのですが）

同じネットでも、これらが根拠であれば調査官は十分に説得できます。

「タックスアンサーに出ていますよ。」、「裁決事例で同じものがありますが。」

調査官は「え?」となって、真剣に検討するはず。その前に、自分のやろうとしていることが大丈夫かどうかの判断ができます。

個人の不動産業の例であれば経費をつけまくって国税不服審判所で裁決された事例があります。

http://www.kfs.go.jp/service/JP/82/05/index.html

抜粋し、重要な点を【　】でくくりますので【　】の中だけ拾い読みしてもらって結構です。

「請求人は、その他の【経費として、飲食代及びタクシー代等が必要経費に算入されるべきである旨主張するが、請求人は、飲食時における情報収集の内容や現地調査の対象となった物件などについての具体的な説明や、それを合理的に裏付ける証拠は提出していない。】かえって、当審判所の調査の結果によれば、請求人が飲食の相手方として仕訳日記帳の摘要欄に記載している者の中には、H社の同僚等が含まれていること、上記タクシー代の支払が年間200件を超え、その多くが飲食店で飲食をした日と同じ日に支払われていることが認められ、これに、請求人が、上記1の⑷のイのとおり、平日はH社の執行役員として同社に勤務していたことを併せ考えると、【請求人が主張する飲食代及びタクシー代の多くは、請求人が同僚等との飲食に際して支払った飲食代及びその際のタクシー代であったとも推認される。】

Ｂ　また、請求人は、当審判所に対し、【上記飲食代及びタクシー代以外のその他の経費の内容について、祈祷料、宅配便代、電子機器代、事務用品代、カード年会費、スーツ代、作業着代、廃品処理代、備品代、自転車代、コンタクトレンズ代及びコンタクトレンズ購入に際しての診察代】であるなどと抽象的な説明をするのみで、具体的な説明をすることなしに、これらの経費が必要経費に当たると主張する。しかし、【これらは、通常、家事上の経費】としても必要な支出であると解されるところ、【これらの経費と不動産賃貸業との関連性を示す証拠は何ら見当たらない。】」

ネットにも有用な情報がありますから、グレーな事案の参考にしてください。

重ねて言いますが、グレー＝バレやすい、という意味ではなく、見解の相違がありそうな、という意味で。

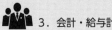

コラム

すごい節税

メルマガ「成功の研究」から（メルマガ「成功の研究」は、筆者が隔週で連載しているレポートです。）

今なら書けるかな、そう思うので書くことにします。もう何年も前のある日、お客様の会社の経理責任者からご相談が。

・社長が経営者仲間から「すごい節税」というものを紹介された。
・税理士監修のスキームで安心という触れ込み
・がぜんやる気を出して契約してきた。
・自分はＮＧだと思うけどどうでしょう？

とのこと。監修されているという税理士さんは、税理士名簿に載っていて、ホームページもありました。経理責任者の手元には、その税理士さんの手によるとされる、結構な量の関連資料があるのですが、書いていないことも総合するとこんな話でした。

・あるものの利用料を月に百万円単位で払う
・支払先は東南アジアのＡ国
・契約と同時に、なぜかＡ国とは無関係のＢ国に個人口座が開設されてカードが渡される。
・Ｂ国は、タックスヘイブンで有名な国

・会社がA国に利用料100を払うと、B国の個人口座のカードで70が自由に使えるようになる。
・カードは日本でも使えるが、なるべく海外で使えと言われている。
・70が使える理由は不明（借入なのか報酬なのか不明なのだがとにかく使える）

ダメでしょ。

ですよね。

でも、このスキームを企画した税理士さん本人から説明を受け、大丈夫です、と言われている社長は、経営者仲間もやっているからやりたい。私も、単なるネット情報ではなく、社長本人が、実在する税理士から直接説明を受けているので、「その先生はどうしてこれを大丈夫と言うのだろう？」と疑問に思いながら止める。なので、どうも迫力に欠ける。

そんなことをやっているうちに一事業年度が経過しました。

ただ、社長も思い直し、なんとかその一年だけでストップすることに。経理責任者としても、ストップしてくれたのでまぁ良いかと一安心。

そんなことを忘れかけたちょうど3年後。その会社に税務調査が入りました。所轄税務署の事前予告ありの通常の調査です。

のように見えました。

最初は。

いつものように手順を踏んでは来るのですが、何かちょっと変。

普段であれば最近の経営状況、社長のお話をしっかり聞いた後に、では帳簿を拝見、となるところ。その時は、話もそこそこに帳簿を見せてください、と来ました。そして、机上の直前3期分の帳簿。普通なら調査官はまず直前期から見るのですが、その時の調査官2人は、いきなり3期前のファイルに手を伸ばしました。


あれ？


他の年度にも興味があるようには見せていましたが、コピーする対象や質問もその期に集中しています。こちらもそれとなく聞くのですが、それにはいつも通り「全体的に見せていただいています」とかわして帰って行きました。

でも次の調査日だったでしょうか。方針が決まったのか、

「お気づきのようですが、実は〇〇の件を調べています。」と来ました。

〇〇税理士が主導した案件、それに乗った会社が50社までは行かないがそのくらいの数あるので、一斉に調査に入っているとのこと。

主導した〇〇税理士は、東海地方でつかまえて話を聞いているらしい、ということもわかりました。

そして、争うのはかまわないが、自社、関係会社、素直に修正申告して、重加算税やらも含めて受け入

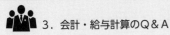

れた方が身のためだ。我々は他にも行くべき会社があるから、もしそうするならこれ以上何も言わない。と言われました。実際はもっとオブラートに包んだ言い方です。ただ、その場にいて通常の理解力があれば、そういうことなんだな、と簡単に分かりました。

国税側も証拠固めの最中ですから、争えば最終決定までには相応の時間が稼げたでしょう。でも社長以下「すぐにそうします！」と応じることに。

そしてその数か月後、〇〇税理士の名前は税理士名簿から消えていました。いまだに、なぜその先生がそこまで危ない橋を渡ったのか不明です。

節税にミラクルはない。あるように見えるものは脱税の可能性が高い。

そんなお話でした。

4.

決算と会社の税金のQ.&A.

4.1 会社の税金（結局何をどれだけ払うのか？　赤字ならゼロ？）

Q　会社にかかる税金にはどのようなものがありますか？

A　大きく、国税と地方税に分かれ、地方税の中には赤字でも発生する税金があります。

会社の経営に伴って認識しておくべき税金には次のようなものがあります。

(1) 決算が終わった後にかかる税金

決算月を迎えたらその2ヶ月以内に申告・納付する税金です。

一般に「利益が出たら税金がかかる」というときの税金は、これを指しています。

簡略化のために、資本金1000万円以下の法人で、所得（≒利益）が400万円までの最低限かかるものを示します。

表

窓口	税務署		都道府県税事務所		市町村役場
税目	法人税（＊1）	消費税（＊2）	事業税（＊4）	都道府県民税（＊4）	市町村民税（＊4）
所得の	16.5%	—	4.8%（＊3）	—	—
法人税の	—	—	—	1.0%	6.0%
無条件（＊5）	—	—	—	2万円	5万円

（＊1）　法人税15%、その10.3%の地方法人税の合計16.545%です。

（＊2）　消費税は利益とは無関係に発生します。2.2 設立後の届出2（あえて消費税がかかる事業者になる選択）参照
（＊3）　事業税3.5%、その37%の特別法人事業税の合計4.795%です。

（＊4）　東京23区では、市町村民税分も一括して都税事務所が取り扱います。

（＊5）　「無条件」とあるのは、赤字でも黒字でも無条件に発生するということで、年間7万円（＝2万円＋5万円）が必ずかかります。

（＊4）（＊5）　都道府県民税、市町村民税の税率は自治体によって若干異なることがあります。

表より利益に最低限かかる税率＝16・5％＋4・8％＋15・0％×（1・0％＋6・0％）＝約22・4％となります。なお、400万円より多く儲かるにしたがって税率は40％近くになっていきますから、筆者の事務所ではお客様に対して、「簡単に税金を見込む際は、利益の30％程度を見ておくと良いでしょう」とお知らせしています。

(2) 随時かかる税金

印紙税（国税）：契約書や領収書などに、収入印紙を貼ることによって納めます。軽視されがちですが、放っておくと時に痛い目に遭うことがあります。（「4.3 印紙（馬鹿にできない契約書や領収書の印紙）」参照）

源泉所得税（国税）：役職員に給与を支払う際や、外部の個人事業主に報酬を支払う際、支払額から控除して、本人に代わって会社が納める税金です。基本は毎月納付ですが、9人以下の給与の場合は半年に1回納付で良いことになっています。

なお、税務署や地方のお役所は、会社がいくら儲かっているか、給与や報酬をいくら支払っているかをリアルタイムで知ることはできませんから、金額入りの納付書が届くわけではなく、自社で計算して納付します。

どのような税金がいつかかるかは、経営を左右する重要な問題なので、しっかりと認識しておくことをお勧めします。

4.2

消費税を払う事業者とは？（必ずしも3期目から、売上1千万の年から、ではない）

Q 売上が1千万を超えると消費税がかかると聞きました。今年は超えそうなのですが、納税に備えた方が良いのでしょうか？

A 消費税は、2年前の売上高が1千万円を超えた場合にかかります。1千万円を超えたその年からかかるわけではありません。

消費税は売上が1千万円を超えた場合にかかります。正確に言うと、「売上が1千万円を超えた場合、その2年後から」かかります。つまり、2期前の売上高が1千万円を超えていた場合、今年は消費税の計算が必要ですが、逆に1千万円以下なら不要です。

（ちなみに、資本金が1千万円以上の会社は、設立第1期と第2期、無条件に消費税がかかるという別のルールがあります。）

なお、2期前の売上高は、1千万円を超えていたかどうかだけが問題となり、どれだけ超えていたか、もしくは下回っていたか、は関係ありません。

たまに、2期前に発生した消費税を今年払うと誤解されている方がいますが違います。あくまでも、これにより決定されるのは、今年が消費税のかかる年かどうかだけで、実際に納める消費税は今年の取引実績によって決定されるのです。

したがって、たとえば第1期の売上高が1億円だったが、第3期の売上高はゼロだった、という場合。第1期の売上高が1千万円を超えていることから、第3期は消費税のかかる年になります。しかし、第3期の売上高はゼロだったため、消費税はゼロ円と計算することになります。

なお、現在は、右記で免税でも「前年上期の売上及び人件費が1千万を超えたら課税」というルールもありますし、インボイス制度に対応して、本来免税で済むところをあえて課税を選択するケースもありますから複雑化しています。

消費税は赤字でも大きな金額が発生することのあるインパクトの大きい税金ですから、細かい計算方法はともかく、どのような場合にどのようなルールで発生するのかを意識し、会社に与える影響をしっかりと認識しておくと良いでしょう。

4.3

印紙（馬鹿にできない契約書や領収書の印紙）

Q

契約書に印紙を貼っていません。問題ありますか？あるとしたらどんな問題ですか？

A

あります。印紙税の納付漏れを指摘され、追加納付が必要となることがあります。

領収書に収入印紙が貼られているのを見ることがあると思います。

収入印紙を貼ることは印紙税を納めることであって、印紙税は一定の文書を作成した場合に発生する国税です。つまり、正しく貼らないと納付漏れになるのですが、この貼り忘れ、もしくは、貼らずに放置しやすいものに契約書があります。

契約書に貼るべき額は、たとえば、「請負金額が700万円なら1万円」などと決まっています。

通常、契約書は2通作成して1通を自社保管して収入印紙を貼りましょう、などとやりますので、貼り漏れが多くなります。さらにこれが続くと、いまさら全部に貼ると結構な額になる、となってまた今度となりがちです。

収入印紙がなくても契約書の効力はあるので、これも放置の原因となっています。

では、これがどのような時に問題となるかというと、やはり税務調査のときです。

税務調査では「契約書を見せてください」と言われることが多いのですが、出てくる契約書がことごとく印紙なしだと別の調査が始まってしまいます。

通常の調査が、法人税、消費税、源泉所得税を専門とする担当官が来て調査を行うのに対して、この場合、印紙税を専門とする別のチームがやってきて調べ上げていきます。（印紙税は特殊な税金なので、法人税を専門とする担当官では、正確・迅速に対応することができないからのようです）

なお、税務調査とは別の場所でも、筆者の経験で次のようなことがありました。

筆者が買収監査（いわゆるデューディリジェンス）に、買収される側の会計事務所として立ち会ったときのことです。

その会社は1万店を超える零細小売店に商品を販売しているのですが、小売店側が面倒くさがること、取引内容がはっきりしていること等の諸々の事情があって契約書を作成していませんでした。

当初、買収側の会計事務所は気軽に、「やっぱり契約書はあった方が良いですよね」と言ったのですが、すぐに取り下げました。それを作成して貼るとしたら1通4千円。1万店と契約書を作成したら4千万円になってしまうことが分かったからです。

もちろん、契約書は作った方が良いのですが、このように、実務に支障がなければあえて作らない、という選択肢もあります。

小さな紙切れを貼るか貼らないかの話ですが、大きな影響を与えることもありますので、総合的に判断していく必要があります。

4.4

交際費（交際費は不利というがその意味は？）

Q 交際費は不利と言われていますが本当ですか？

A 現在それほど問題はありませんが本当です。そのため、なるべく交際費にしないという意識を持つことが必要です。

交際費とは、得意先、仕入先その他事業に関係のある人や会社に対する接待、贈答その他これらに類似した活動のために使う費用をいいます。似たものに会議費、福利厚生費、販売促進費、広告宣伝費等がありますが、これらとの違いは、他の費用はすべて経費になるのに対して、交際費はそうではない、ということです。

特に資本金1億円以上の大会社においては、交際費は飲食費の一部を除き、原則経費になりません。

一方、それ以外の中小企業においては800万円までは他の費用と同様に経費になります。

とはいえ、中小企業に限って、それも時限的に緩められているだけなので、やはり（仮に800万を超えなくても）極力交際費にしない感覚を身に着けておくことが必要だと思います。

交際費ではなく会議費にしよう、販売促進費としよう。

このような意識を持っておくべきです。

もちろん、交際費とこれら他の科目との境界には細かいルールや取扱があって、たとえば

- 社外の人との飲食は1人あたり1万円を超えると交際費になる。
- 不特定多数の人を対象とする場合を除くと、プレゼントは交際費となる。

といったことが決められています。

会社経営に当たっては、このようなルールを押さえておくことで中長期的に、より効果的なオカネの使い方ができるようになります。

4.5

減価償却と決算（期末に慌ててクルマを買ってもNGな理由）

Q

決算が近づいてきました。今期は利益が出ているのでクルマを買おうと思いますが、税金は減りますか？

A

ほとんど減りません。税金を減らす目的であれば別の案を考えましょう。

通常クルマは30万円以上しますから、「3.11　資産と減価償却（10万、20万、30万の壁）」で見たように一括で費用にできず、資産に計上して、数年がかりの減価償却で費用にしていきます。新車の乗用車であれば6年がかりです。

たとえば、720万円のクルマであれば、単純な定額法（注）を取った場合、1年当たり120万円の減価償却費です。

それも決算月に慌てて買った場合、1ヶ月しか使っていませんから、さらに12分の1します。

結果、当期の減価償却費＝120万円÷12ヶ月＝10万円だけが経費です。

720万円のオカネが出て行っているのに、今期の費用は10万円だけ、ということではほとんど税金を減らす効果がありません。

これが古い中古車であれば2年償却なので多少ましになりますが、それでも720万円÷24ヶ月＝30万円が費用になるに過ぎません。

したがって、決算期末の節税のために、クルマのような高額のものを慌てて買っても仕方がないことが分かります。


ただし、同じようですが、買い替えは多少の効果があります。

買い替えとは、今あるクルマの売却と新車の購入がセットになった取引です。

販売店との間で、下取り価格は安くてかまわないから新車を値引きしてくれ、という交渉が可能であれば、効果が出てきます。

その結果、今持っているクルマが安く売れたことで売却損が出て税金を減らす一方で、新車は安く買えた、ということになります。

もちろん異常な安値での下取りは問題になります。あくまでも下取価格に幅があるならその下限で買ってもらい、その分新車を安くしてもらう、という対応になります。

いずれにしても、資産になるものは単純に購入しただけでは決算対策にはならない、というか、オカネを使ってしまって、他の対策の妨げにさえなる、ということに注意して慎重に判断しなければなりません。

（注）説明の簡略化のために「定額法」を前提としましたが、実際には「定率法」という、はじめの年度の減価償却費がより多めに計算される方法を採用するのが通常です。

4.6 経営セーフティ共済（倒産防止共済）

――節税にも使える国の保険――

Q 決算が近いのですが、節税に手っ取り早いお勧めのものはありますか？

A まずは、経営セーフティ共済（倒産防止共済）をお勧めします。

経営セーフティ共済（倒産防止共済）とは、連鎖倒産防止を目的として、国（独立行政法人中小企業基盤整備機構）が運営する制度です。

毎月５０００円～20万円までの掛金をかけていくもので、本来の目的は、取引先の倒産があった場合に、掛金の10倍以内で貸付が円滑に受けられる、というところにあります。

しかし、実はこれは節税目的にも役立つので静かな人気があります。

独立行政法人中小企業基盤整備機構ホームページより
https://www.smrj.go.jp/kyosai/tkyosai/index.html

なぜなら、この保険は、掛金が全額経費（損金）になるにもかかわらず、将来（40ヶ月以上経過後であればいつでも）解約すると100%戻ってくるからです。民間の保険でこのようなものはありません。100%戻ってくるにもかかわらず経費になるので、経費で貯金するような特殊な位置づけを持っています。（もちろん、戻ってきたときに利益（益金）になるので、預金とは異なります。）

そして、保険料は期末月に1年分前払いをしても経費にできます。上限は、20万円×12ヶ月＝240万円です。

唯一の欠点は上限が低いところで、冒頭で「まずは経営セーフティ共済」と言ったのは、この点です。年間の上限もそうですが、総額も月額の40倍とする８００万円と決まっており、これ以上は払いたくても払えないのです。

とはいえ、まだ加入していないのであれば、そもそもの連鎖倒産に備えるという有用な趣旨がありますし、節税の手始めに、何か別の手段を検討する前に加入されることをお勧めします。

なお、残念ながら設立初年度の会社は加入できないので、２期目以降に検討し、銀行の窓口や会計事務所を経由するなどして加入することになります。

4.7 節税と生命保険（節税を主目的にした加入の可否）

Q 今は生命保険で節税しにくくなったと聞きました。どのようなことでしょうか。

A たしかに、かつてのように、節税だけを目的とした保険加入は実質できません。

かつて民間の生命保険各社は、会社向けの節税商品を多く販売してきました。基本は、「儲かっている期に保険料を払い、将来の期で解約して（利益で）戻す」というもの。長期契約の保険の中には、今１００払って5年後に解約すると97で戻ってくるようなものがあり、それを利用するわけです。これまでは一定条件で全額支払った年の経費にできたので、お客様の中には、期末を前に、慌てて何百万、何千万も保険に入る、ということがありました。

ただ、現在は、大部分が戻ってくるような保険料は、ほとんど経費にできないことになりました。

ただ、生命保険本来の趣旨に照らして加入し、結果としてそれが節税となるようなものは今でもあります。

たとえば養老保険。これは、満期又は被保険者の死亡によって保険金が支払われる生命保険です。これを役職員の退職金に備えて加入することは、これまでもありましたし、今後もあると思います。退職金を払うと、その期に突然大きな費用が発生しますが、それに備えて毎年少しずつ積み立てようとしても経費になりません。この解決のために養老保険を使うのです。

まず、役職員を被保険者として会社が保険に入ります。通常は死亡保険金の受取人を遺族、満期保険金の受取人を会社にします。

満期となると会社に保険金が入って、退職金の財源として計画的な資金準備ができます。保険収入による利益と退職金の費用が同時期に立つので、会社の損益にも大きな影響を与えません。また、毎期支払う保険料の半分が経費となって、税金を減らします（残り半分は資産となります）から、結果として経費で積立ができる効果もあります。

福利厚生プランとも言われ、多くの保険会社で販売していますので、検討してみましょう。実際、筆者の会計事務所でも加入しており、毎年結構な保険料を支払っています。

ちなみに、似た性質のものに中小企業退職金共済（通称、中退共）があります。国（独立行政法人）の制度でもあるので一定の人気があるのですが、お勧めしません。なぜなら、積立金が従業員個人のものとされて会社の手を離れてしまうからです。そのため、会社の判断では退職金を払うに値しない懲戒解雇のようなケースでも、減額には厚生労働大臣の認定が必要で、仮になんとか減額できても、その分は本人に行かないだけでなんと共済に吸収されてしまい、会社には返ってこないのです。

このことは中退共のホームページにもはっきりと「退職金が減額された場合、その減額分は共済制度における長期加入者の退職金支払財源に振り向けられ、事業主にはお返しできません。」と書かれています。

4.8

インボイス制度とは？（支払った消費税の控除にはインボイスが必要）

Q

インボイス制度とは何ですか

A

令和5年10月に始まった、支払った消費税を控除するにはインボイス（適格請求書）が必要とする制度です。

本章のコラム「消費税のしくみと影響」にも示していますが、消費税の納税額＝売上につけた消費税－支払についていた消費税です。

例　売上330円、その仕入110円なら、消費税＝30－10＝20円。

仕入についていた10円を差し引くのは、仕入先の方で10円を納税していることを前提にしていますが、必ずしもそうとは限りません。仕入先が免税事業者の場合があるからです。

これまではそれでも良いとされていました。業者の手に残る、いわゆる「益税」というものの存在を認める制度だったのです。

しかし、令和5年10月に始まったインボイス制度はこれに制限を加えました。前述のように10円を引くことができるのは、インボイス（適格請求書）がある場合だけとしたのです。

そして、このインボイスは、事前に税務署に登録した事業者、それも消費税の課税事業者しか発行することができません。

インボイスは、支払の根拠となる書類、という程度の意味なので、請求書だったり領収書だったりしますが、Tで始まる13桁の適格事業者番号というものが記載されます。

自分が買い手だったら、請求書や領収書にこの番号が入っていないと消費税で不利な扱いを受けます。

また、自分が売り手だったら、請求書や領収書にこの番号を入れていないとお客様にご迷惑をかける可能性が出てきます。

結果として、床屋さんのように相手が生活者に限定されるような場合を除き、請求書やインボイス番号を入れる手はずを取る、という実務が定着してきています。

たとえばスーパーの買い物でもらうレシートにも、令和5年10月からは、よく見るとT1234567890123といった番号が入っていたりします。

私共のお客様でも、新設して間もない免税で許されている期間であっても、得意先への配慮からあえてインボイスの登録事業者（＝課税事業者）となって納税する、という選択をされるケースが増えています。

当初は、このようにあえて課税事業者になった場合の優遇策も用意はされているのですが、これまでに比べれば当然負担増となっています。

もともと課税事業者だった事業者にとっても、売り手としての立場ではインボイス番号をつける、買い手としての立場では請求書や領収書にインボイス番号があるかどうかを確かめ、それぞれに応じた会計帳簿入力をする、消費税申告をする、という負担が重くのしかかっています。その負担は、主に中小企業の会計実務を代行することがある、私共のような会計事務所にとっても同様に。

消費税は他の税目と比べて常に改正され続けていますが、また1つそこに大きな変化が加わっています。

コラム

経費の話：駐車違反の反則金、スーツ代

業務上運転していたクルマが駐車違反で切符を切られた。

反則金を納付したので会社の経費、という流れで処理しがちですが、残念ながら認められません。確かに、単に高い駐車場代だったという解釈でいけば経費なわけですが、少し性質が違います。

これは、罰金、過料と並び反則金は制裁の意味を持つからです。制裁なのにこれが経費になると税金が減りますから、その罰としての効果が減ってしまうからと言われています。

なお、少しわかりにくい話ですが、たとえば業務命令に従った従業員のために会社が反則金を負担すること自体はできます。

交際費のように、会計上は費用にしておき、税務上は自己否認するという対応です。（自己否認とは、税金の計算上経費でないことを自ら税務申告書上で認めることを言います。）

このように、「業務上発生したから経費」とはそのまま言い切れないものはこのほかにもあります。

この例として、たまに聞かれるのですがスーツ代があります。

「自分は講演をすることもあるからスーツに気を使っている、だから経費にしてもかまわないでしょ

う？」というお問い合わせです。

基本的にスーツ代はだめです。

昔、結局だめという裁判もありました。だめな理由が普段の生活でも着られるから、というような、少し分かりにくい理由でしたが。（仕事に着るスーツを普段着として着る人がどれだけいるのか疑問です。）

また別の根拠としては、スーツ代は給与所得控除でみなされている経費の枠内という考え方もあります。

給与所得控除とは、給与をもらっている人にもこの程度は認めてあげましょうという、サラリーマンに一律に認められたみなし経費です。

スーツはそのみなし経費の範囲内と言う考え方です。社長も会社から給与をもらっているサラリーマンですからその範囲内でやるべきということなのですが、じゃあ自営業者なら経費にできるかというとそうでもないので、少し弱い理屈です。

なお、これが会社が着用を義務付けた制服だったり、会社のロゴ入りジャンパー、芸能人の衣装、普段の生活には着ることはない作業着だったりすると話は別で、問題なく認められています。

コラム

消費税のしくみと影響

先日、設立以来の多額の累積赤字がある会社が、今期は黒字300、納税800となった理由をグループの会長にご説明してきました。納税のほぼ全額が消費税なのですが、ようやく出た黒字以上の税金というのはおかしくないか？　との疑問に対してです。

これについて、次のようにご説明しました。

1．まずは消費税のしくみ

消費税の納税額＝売上につけた消費税－支払についていた消費税です。

例　売上330円、その仕入110円なら、消費税＝30－10＝20円。

これは利益200円の10％でもあります。

2．貴社の場合

消費税＝売上につけた消費税1800－支払についていた消費税1000＝800でした。

3．生じる疑問

1．の通りなら、当期の黒字（利益）300×10％＝30が納税ではないか？

なぜ800なのか。支払についていた消費税1000が少なくないか？

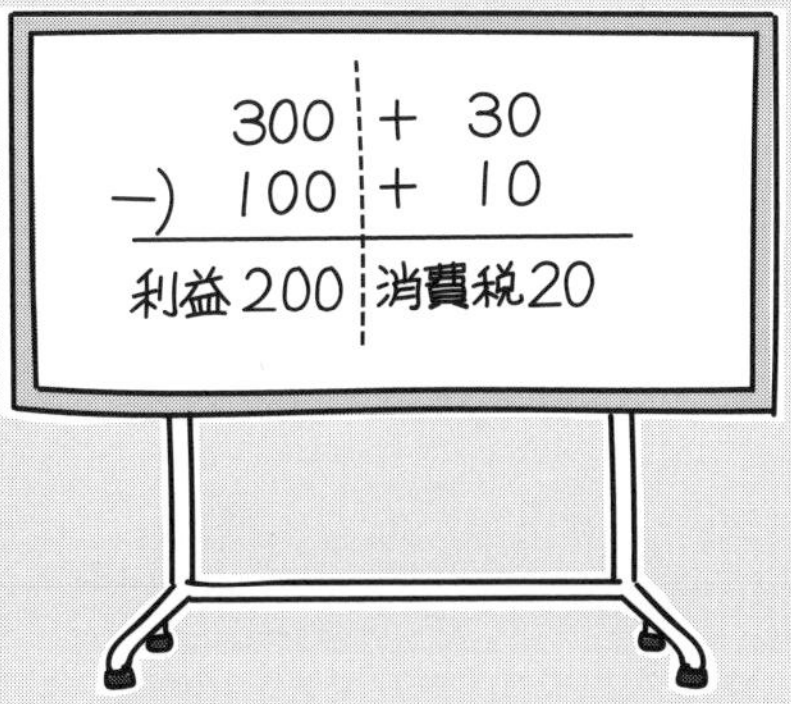

4．3への答え

貴社の費用の半分近くが給料であることが原因です。給料には消費税がついていません。

つまり、いくら給料を払っても「支払についていた消費税」は変わらないのです。

極端なことを言えば、給料を払っていくら大赤字になっても消費税が何百万、何千万の納付ということがあり得るのです。

ちなみにこれが外注費であれば、外注費には消費税がかかりますから「支払についていた消費税」は増え、消費税額は減ります。

たとえば、同じ売上・利益の会社でも

(a)外注中心の会社＝消費税小

(b)社員中心の会社＝消費税大

となるのです。

以上を通して、なるほどね、と会長にはご理解いただきました。

消費税の仕組みはこの通り単純なのですが、税率アップとともに金額が大きくなりがちなのと、「こうした場合はこう」「これにはかかるがこっち

には かからない」といったルールやその改正も多いので、お客様はもちろん、私たち会計事務所も常に気を遣うところです。

うまく利用すれば、還付を受けられたりしますから、検討対象としても面白い税でもあります。

わかっている人には単なる復習となる、消費税のしくみと影響についてでした。

コラム

節税のために航空機をリースする？

節税のために大型旅客機を買う。

知らない人にとっては、耳を疑うようなことが実際に存在します。

具体的には、節税の上級商品として存在する、航空機・船舶等のリース事業への出資です。航空機ならボーイングXXのような中型・大型の旅客機・貨物機を買って、○○航空、○○貨物航空といった航空会社に貸すのです。（船舶も、タンカーのような大型船を対象にします。）

ただし、自社で丸ごと1機を調達するわけではなく、リース会社が主体となる組合に出資者として参加し、そこに借入金も組み合わせて、共同で航空機を購入するのです。

すると、最初の数年間は減価償却費と金利で確実に赤字となります。

しかし、後半で徐々に取り返し、最後に航空機を売却して利益を確定します。

トータルでは黒字です。当たり前ですが、最終的に赤字になる案件はやってもしかたがありません。節

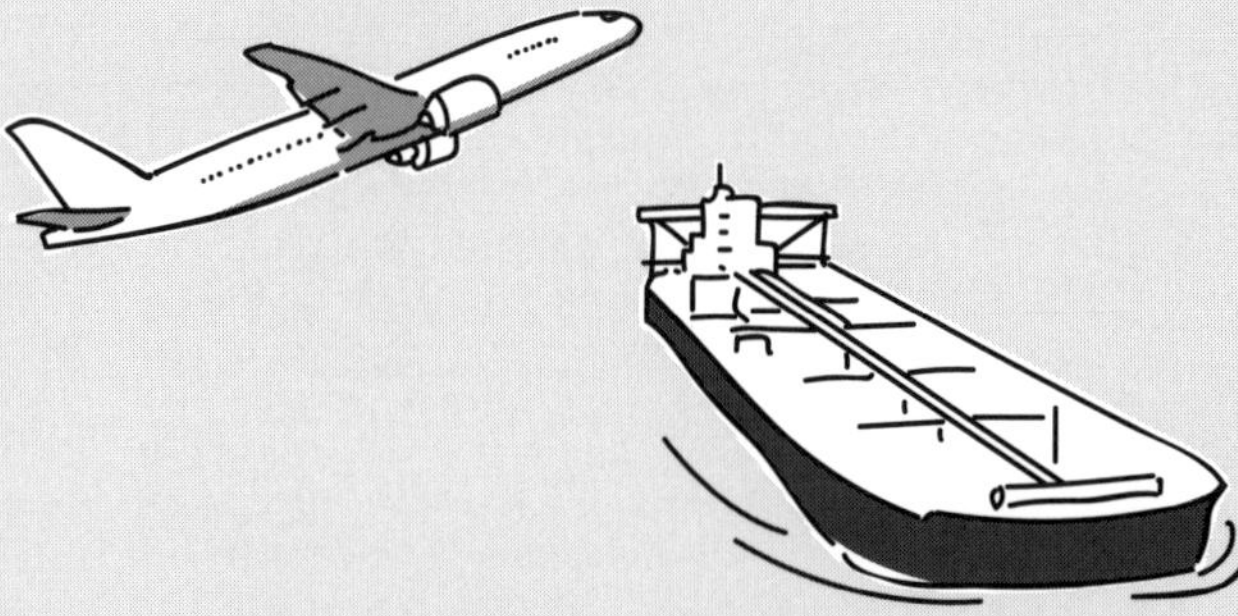

税ばかり考えているとたまに混乱するのですが、１００を損したら（税金は確かにゼロですが）１００をそのまま失う一方、利益として残したら税金が取られた後に70が残ります。
このリース事業も、前半赤字、後半黒字、トータル黒字、という設計になっています。

そして、上級編といった理由は、１口３千万円以上、投資期間10年、途中解約不可、という条件があるからです。さらには、外国の航空会社向けだとリース料も最後の航空機売却額もすべて外貨建てで為替リスクまであるので、節税になるとはいえ、気軽に手を出しにくいようです。

したがってこの商品は、今はとても儲かっているけれども10年後くらいには衰退が見込まれる事業をしている、あるいは、10年以上後に確実に退職金のような大型の費用が出ることが分かっている、といった会社に適しています。

気軽にできるレベルではありませんが、このようなものがあるのだな、ということだけでも知っておくと、もしかしたら将来役に立つかもしれません。

コラム

事業の用に供する

メルマガ「成功の研究」から（メルマガ「成功の研究」は、筆者が隔週で連載しているレポートです。）

じぎょうのようにきょうする、と読みます。

先日立ち会った税務調査ではこれがテーマになり、いつもと違う調査方法が取られたので、書くことにします。

決算期末になり、利益がそこそこある、このまま税金取られるのも嫌だから、何か買おう。よくある話です。

そして、中小企業では単価30万円までのものはその期に経費になりますから、じゃあパソコンでも買うか、という話になりがちなわけです。そこまでは悪くない。

そして、ネットでも店でも、期末日までに納品を受け、手元にあるようにします。これもＯＫ

問題はその先です。

普通だとそこで安心してしまい、落ち着いたら設定して使おうとか、新人が入って来たら出そう、などと、箱に入れたまま棚の上にポン、とかやりがちです。

実はここに問題があって、冒頭の話に戻りますが、その理由はこれらパソコンを期末までに「事業の用に供していない」からです。つまり使っていないからです。

確かに細かい話ですが、実際にこれを税務署から指摘されれば、原則通りなので応じざるをえません。

じゃあ使っていたと言えばよいではないか。と思われるかもしれません。

しかし、先日の調査では、調査官は現物のPCを操作させ、windows メニューからいつ最初に起動されたのかを見てきました。


これまでは確かに買えば安心だった。

ほかにも、たとえば契約書も後でバックデートで作って紙にしておけば問題なかった。

そんな平和な時代が続きましたが、今は契約書であれば実際のファイル作成日付を見られることがありますから、やはりちゃんとやっているに越したことはありません。


期末日までに事業の用に供する。

期末の買い物には気をつけてください。

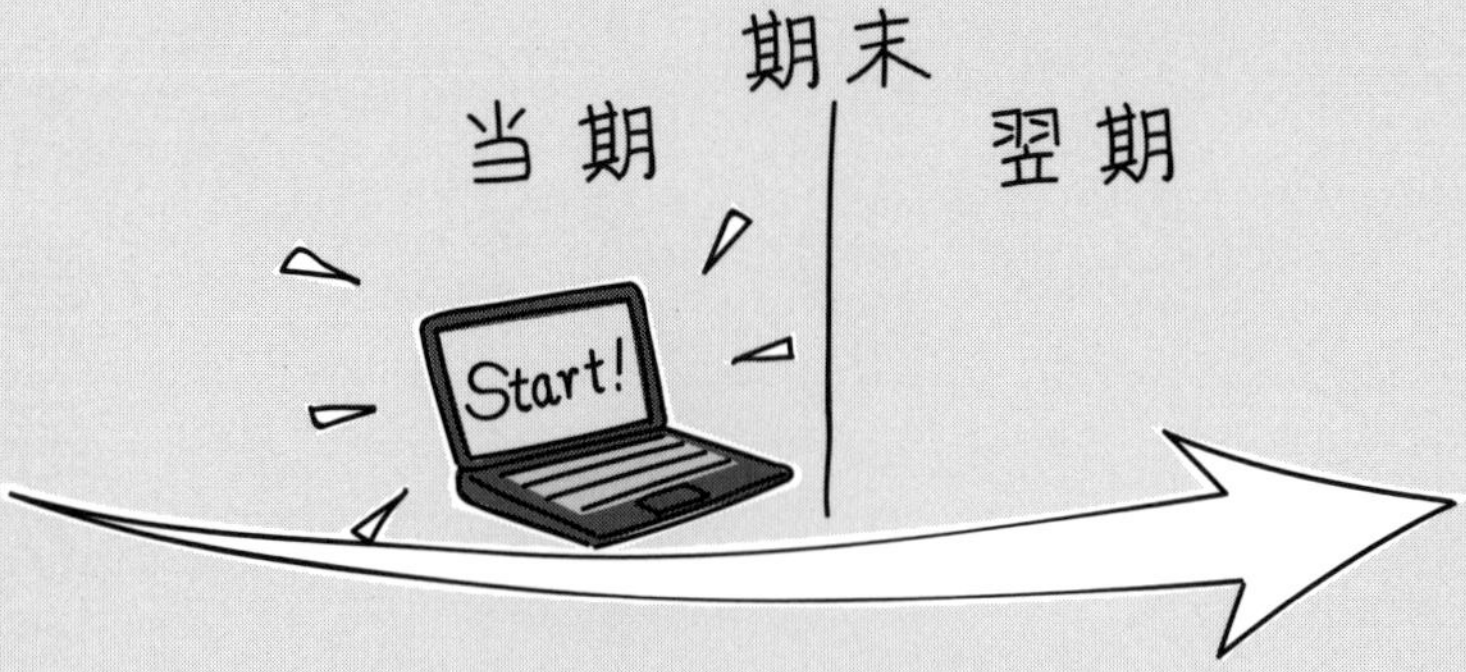

コラム

資産は上

メルマガ「成功の研究」から（メルマガ「成功の研究」は、筆者が隔週で連載しているレポートです。）

会計士・税理士は一応オカネのプロと呼ばれています。たしかに多くのお客様を拝見してきました。その経験から、オカネの面から、安定した経営に何が大事か？と問われたらなんと答えるべきか。そうですね。やはり

(1)資産は上・負債は下、(2)費用は変動・収益は固定、を心がける、ということでしょうか。これは私が発明した理論ではなく、よく言われていることを格言のようにしただけです。でも、やはり大事。

(1)は、貸借対照表での位置関係によるものです。貸借対照表はつぎのように構成されています。

流動資産	流動負債
	固定負債
固定資産	
	純資産

正確性は欠くのですが簡単に説明すると
流動資産　オカネ又はすぐに換金できるもの
固定資産　不動産のようにすぐに換金できないもの
流動負債　すぐに払わなければならないもの
固定負債　支払が1年以上先のもの
純資産　　資産と負債の差額

「資産は上」とは、資産は固定資産でなく、なるべく上の流動資産で持ちましょう。「負債は下」とは負債は流動負債でなく、なるべく下の固定負債で持ちましょう。ということです。

そして(2)の「費用は変動」とは、費用はなるべく変動費にしましょう。「収益は固定」とはスポットではなく、なるべく固定で売上が入るようにしましょう。ということです。

ちなみに費用の固定とか変動とは、狭義には「売上に対して」という意味ですが、「活動や消費に対して」という意味で考えて良いと思います。

これに照らして〇の行動とは、たとえば

・長期借入で現金預金を調達する。（資産は上・負債は下）

・年間契約が取れたら営業マンにコミッションを払う。（費用が変動・収益は固定）

×の行動とは、たとえば

・短期借入でクルマを買う。（資産が下・負債が上）

・多人数を雇用してスポットの売上を追う。（費用が固定・収益は変動）となります。

このようにわかりやすい場面ばかりではありませんが、日頃からこのような視点を持って行動すると良いのではないかと思います。この視点で考えると、個人レベルでも再考の余地がある行動が見つかりますね。

個人にとって費用はオカネそのものだけでなく、自分の時間も入れて考えると良いでしょう。

・住宅ローンをむやみに繰り上げ返済していく（資産は上・負債は下、の逆）

・モニターに張り付いて株のキャピタルゲインを求める。（費用が固定・収益は変動）

いかがでしょうか。

コラム

節税の限界

メルマガ「成功の研究」から（メルマガ「成功の研究」は、筆者が隔週で連載しているレポートです。）

先日、ある本の新聞広告を見ました。そこには、

・庶民も金持ちの税金逃れの秘訣を見習え。
・貧富の差の原因は税金にある。

と書かれていました。

・貧しいのは税金を払っているから。
・税金を払わなければ金持ちになれる。

とも読めます。

でもそんなことないよな、と違和感を覚えました。誰も元の納税額以上の節税はできないからです。

たとえばこの時期、私たち事務所ではお客様の役職員の皆さんの年末調整をお任せいただきますが、そこでたまにある話。

「うちの○○が、年末調整なのに返ってくる税金が少ないと言っているのですが」という会社のご担当からのお問合せです。

（住宅ローン控除等があるから）もっと還付があるはずだ、というのですが、このケース、だいたいは

「給料から引かれた税金が年間〇円なので（それ以上は還付になりません）」という回答になります。

当たり前ですが、引かれた税金以上に還付されることはありません。「元の納税額以上の節税はできない」のです。

冒頭の件、改めて考えてみてもそもそも金持ちは本当に税金を払っていないのか。

そんなことはありません。実際は一般人の年収以上の税金を払っているのが通常です。これは私が身近に知るレベルのお金持ちだけではなく、税金をうまくセーブしているイメージのあるソフトバンクの孫さん個人だって、最低でも年に１００億円超個人で納税しているはず。そう考えると冒頭の

・庶民も金持ちの税金逃れの秘訣を見習え。
・貧富の差の原因は税金にある。

はやっぱり違う。むしろ、

・金持ちの税金逃れの秘訣が本当にあるのなら、金持ちになってから見習えば良い。
・貧富の差の原因は税金にはない。

です。だから、庶民こそもっと生産的なことに頭を使わないといけません。

5.

資金調達（融資と出資）の Q.&A.

5.1

融資と出資（融資は返せるが出資は返せない、という盲点）

Q

「融資は返さなければいけないけれど、出資は返さなくて良い」という理解で良いでしょうか？

A

基本的にご理解の通りです。ただし、「出資は返したくても返せない」ということでもありますから注意してください。

融資＝銀行等からの借入＝利子をつけて返す必要がある。
出資＝投資家からの資本受入＝利子もなく、返す必要はない。
です。

このため、安易に出資を受け入れる方がいらっしゃいます。
しかし、立ち上げに多額の資金が必要なビジネスを除き、まずは自己資金を十分に確保し、次に融資、出資は最後に検討すべきです。それは、なぜ利子もなく、返ってもこない出資をするのか？を考えれば分

かります。

出資をする側の意図は、単に親戚として応援しようとするような場合を除き、

①上場したときの株式の売却益、上場できなくても転売益を狙っている。

②取引先として密接な関係を持とうとしている（影響力を及ぼそうとしている）。

③グループ会社として取り込もうとしている。

といったことになります。

当然ながら利子や元本返済以上のリターンを念頭に置いているのです。目的が①なら、とにかく成長を求められます。②なら、たくさん仕入をすることなどが求められます。③なら、そのグループの方針に沿った行動を求められます。

つまり、投資家によるコントロールを受けるようになります。そして、これが嫌になった場合、どうでしょう？

融資であれば、返してしまえばオカネの出し手との関係を終わらせることができます。しかし、出資はそうはいきません。（業績が悪化しているときを除けば）元本と同額を払って投資家に去ってもらうようなことは基本的にはできません。出資の何倍ものオカネで買い取りを要求されることは普通にありますし、いくらオカネを積んでも合意しなければ、買い取ることすらできないのです。

つまり、融資と違い、「出資は返したくても返せない」のです。出資を受け入れるときはくれぐれも慎重に検討しましょう。

5.2 オカネの借り方1（公庫と保証協会）

Q 創業まもなくの融資は得られるのでしょうか？その場合どこから借りられますか？

A 日本政策金融公庫と信用保証協会。実質的な窓口は2つになります。ただし、信用保証協会へのルートは1つではありません。

創業間もない融資相談が可能な窓口は、実質次の2つになります。

(1) 日本政策金融公庫（公庫）

政府系の金融機関です。創業直後の会社にも積極的なので、まずはこちらを検討するのが良いでしょう。支店でいきなり相談もできますが、会計事務所を窓口に事前相談を受けることが得策です。

これは公庫の担当者が会計事務所に足を運んでくれて、正式申込前の相談に応じてくれるというもの。ミラクルはありませんが、問題点を事前にチェックできますし、融資にとって何が効果的で何がそうでないか、の判断も可能になります。

たとえば、○○が解決してからの方が融資にはプラスでは?と勝手に判断して準備してみたが、後で聞いてみるとそれは何の影響もないことがわかったりします。こうした無駄な準備をしなくて済みます。

また逆に、甘い期待をばっさり斬り捨てられることもありますが、これも事前相談でばっさりということに価値があります。正式申込後のNGは、数年間はそのせいで融資が得られないことになりかねません。前段階で分かった方が今後の選択肢を残せて良いわけです。

(2) 信用保証協会

公庫以外の融資には、信用金庫、地銀、メガバンクといった金融機関、県や市といった自治体の商工課や産業振興課、といくつもあるように見えますが、どこに相談してもその先は信用保証協会につながります。

創業直後の会社への融資は、最終的に信用保証協会に取り次がれ、そこで実質的な審査が行われるからで、結果は保証協会次第です。

したがって、A行に断られたからB行に、という行為はあまり意味がありません。その先の保証協会でNGだと結論は同じだからです。

また、「保証協会の枠」と言うことがありますが、どの銀行に借りているかよりも保証協会の保証可能額をどこまで使っているかが重要であって、それは創業後も変わりません。

銀行自らのリスクによる、いわゆるプロパー融資は、創業後何年か経ってからで、それまでは銀行はきわめて限定的なリスクしか負いません。

なお、他の金融機関と違って⑴の公庫だけは保証協会を使いません。実質的な窓口は2つとしたのはこれによります。これを念頭に融資を検討されると良いでしょう。

5.3

オカネの借り方2（自己資金の意味）

Q

日本政策金融公庫では、自己資金の2倍程度までが融資額のめやすと聞きました。他人から借りてでも設立時の資本金を増やした方が良いですか？

A

自己資金の○倍まで融資が可能、という基準は確かにあります。そして、基本的に自己資金＝設立時の資本金ですが、借りてきたオカネをつぎ込んでも効果はありません。

日本政策金融公庫の創業融資、ホームページでは制度の上限で違う倍率が出ていたりしますが、実質的に通りやすいのは自己資金の2倍程度です。

これは私どもが知る限りの情報ですし、地域や支店によっても多少の温度差があるとは思います。ただ、自己資金を基準としていることはたしかですから、創業時に自己資金を多めに用意しておくことは融資可能額を増やすことに効果的です。そして、会社の場合、自己資金は資本金で判断されます。でも、他人から借りてでも資本金は増やしておこうと考えるのは早計です。

なぜなら、個人の通帳などで、その自己資金がいかに形成されたものであるかが評価されるからです。

かつて公庫の担当者から聞いた話ですが、彼らがもっとも評価する自己資金のため方は、「こつこつ」だそうです。

将来お店をやりたい。

そのためにこつこつ月に5万円ずつ貯めてきて、300万になったので創業した。

これを個人の通帳で確かめることができる。

ベストだそうです。

もちろん担保を提供すればこれとは違う話になりますが、要は自分の財産を投入せずに、借入だけをあてにして創業することはできないということになります。

事前に情報収集してプランを考えておきましょう。

5.4

オカネの借り方3（創業後は、税金は滞納しない、黒字を死守する、そして……）

Q オカネを借りられる会社であるために必要なことはありますか？

A これに該当すると借りられない、という最低限の条件がありますから、クリアしておく必要があります。

銀行が貸しにくい会社には次のようなものがあります。①税金の滞納、②赤字、③経営者への貸付。①は間違いなくNG。②はなんとかなるケースもありますが、特に債務超過になっているとかなり難しくなります。そして、最初の2点はクリアしていても、③で難航する会社も意外に多いようです。

このケースでは、実際に経営者に貸し付けている場合ももちろんありますが、そのほかに、経営者がオカネを引き出して、業務上使ったはずなのだが精算が追いついていない、領収書をなくして精算できない、それが仮払金や貸付金扱いで処理されている場合もあります。

銀行からみれば、

- まずは経営者から会社にオカネを返すこと。
- 私達のオカネも、事業にではなく経営者個人に流れていくのでは困る。
- そもそも精算が追いつかない管理では不安だ。

となります。

ちなみに以前は、②で赤字を回避するために、会計上は問題があるが税務上はＯＫ、という処理が行われることもありました。

典型例として、減価償却を止めてしまう、というものです。会計理論上はあり得ないのですが、当年度の費用計上をする権利を放棄することなので、税務署は何も言いません。

しかし、今はこうした処理は行われなくなりました。

銀行が評価しないからです。

粉飾的な処理は、決算書の信憑性に問題があるとして、厳しく検討されてしまいますから融資には無意味なので、当然のことながら黒字化は会計の力ではなく、自らの企業経営で出さなければなりません。

5.5 出資の受け方1（株式会社の場合：持株割合）

Q 出資を受けても、自分が中心となって経営をしていきたいのですが。

A 持株割合に注意しましょう。同じ金額の出資を受けても持株割合を下げない工夫ができます。

会社を支配するには全株の3分の2以上、最悪でも過半数を抑えておかなければいけません。ポイントは、オカネそのものではなく、株式数です。つまり、外から出資をしてもらうとしても、できるだけ少ない株式数にしてもらうべきことになります。

これについて、設立時の1株5万円で、後から入る外部の投資家の出資を受けると思っている方がいますが、違います。

これでは、5万円×20株＝100万円の資本金で設立した会社で考えると、200万円出資を受けただ

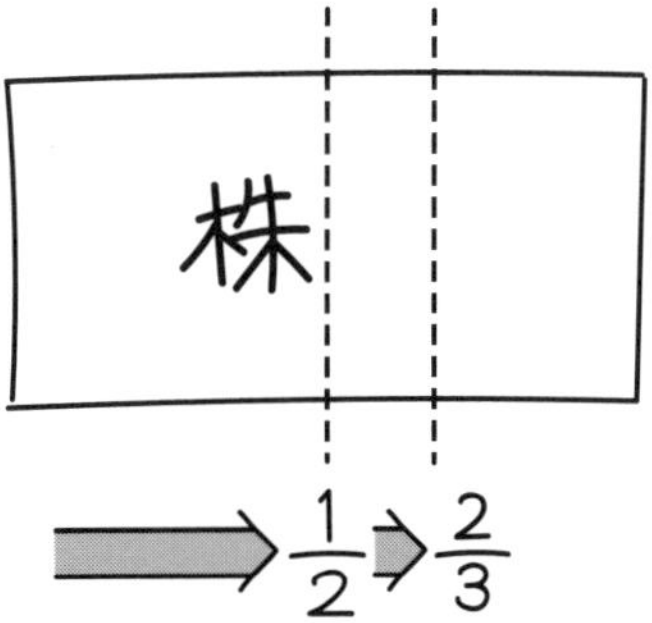

けで、÷5万円＝40株が外部の手に渡ってしまいます。

自分の持株割合＝20株÷（20株＋40株）＝1／3（33・3％）になってしまいます。

これを回避するには、5万円／株よりも高く買ってもらえば良いわけです。（ただ、そのためには今後の成長が期待できることが前提になります。）

なお、出資は通常1回だけでなく、何回かに分けて徐々に行いますから、早い段階で、「○年○月頃の第○回の増資で、○株を○円／株で受けてもらって……」ということを計画しておくようにします。

こうした方針のことを「資本政策」と呼びます。増資による新株発行だけでなく、ストックオプション（新株予約権）を経営陣や従業員に割り当てて味方となる潜在的な株式を増やしていくことも盛り込んでいきます。

特に外部の投資家を入れながら上場を目指す場合、資本政策は不可欠かつ重要なプランになりますから、慎重に進めなくてはいけません。

アドバイスは、会計事務所、経営者仲間、書籍などから得られます。そして、実は、それ以上に投資家自身から得られます。ベンチャーキャピタルは投資のプロですし、オカネの出し手本人ですから、当然詳しく、色々と考えています。そのため、最初に意気投合して主導を取ってくれる投資家の提案をベースにし、他からのアドバイスを受けて検証、確定していく、というスタイルも多く見られます。

ただ、投資家が提案する資本政策は、会社のことを考えてくれてはいますが、当然自分の立場の確保を織り込んでいます。両者の利害は時に正反対になりますから、検証もせずに丸呑みすることのないよう注意が必要です。

なお、「1.2　会社の種類（株式会社と合同会社）」で見たように、合同会社制度では多数の出資者の参加が予定されていません。意思決定が原則として社員（出資者）の頭数で決まるため、株式数で支配の強弱を調整する本稿のような話を適用することはできません。

5.6

出資の受け方2（ベンチャーキャピタル（VC）との付き合い方）

Q ベンチャーキャピタル（VC）から投資を受けようと思います。気をつけるべき点はありますか？

A 上場に向けて引き返せない道を選ぶことになります。覚悟ができたら、複数社から提案を聞いて、もっとも信頼できるところと始めてください。

ベンチャーキャピタル（VC）は基本的に、投資した会社が上場し、そこでの売却益を得るために存在しています。そのため、一度投資を受けたら、後で上場しなくてもいいや、と思っても引き返せません。

VCとの投資契約にはそのことが書いてありますし、主要な役員が会社を辞めることも制限されます。

したがって、創業者としては、VCの投資を受けることは大きな覚悟が必要です。

できれば、事前に信頼できる人や会計事務所に相談して、はっきりと事態を理解してから受けるべきです。

また、受入を決めた場合に次に重要なのは、どこのVCにリードを取ってもらうか、ということです。できれば複数社から提案を受けて選ぶべきです。

なぜなら、VCはオカネだけでなく、色々な情報やアドバイスをくれるからです。

（任せ切りにするのは問題ですが）前項のように資本政策の立案にも深くかかわってくれます。取引先を紹介してくれたり、採用すべき人の種類、時には人自体を紹介してくれたりします。資金に困ったときには、自らが追加出資できなくても別のVCに声をかけて支援してくれたりもします。

そのため、関与するVCとその担当者が有能だと、自社だけでは得られなかった展開を図ることが可能になるわけです。

筆者の経験から言うと、総じてVCの担当者は優秀です。

コンサル会社であれば何百万も取られるような人達が世話を焼いてくれて、さらにオカネまで出してくれるわけですから、付き合うと決めたらとことん協力してもらう方が良いのだと思います。

と、ほめてばかりいますが良いことばかりでもありません。

業績が悪い会社の取締役会が、いつの間にかオブザーバーであるはずのVC株主への説明会になっていることもあります。

良い面、悪い面、しっかりと把握して、良いお付き合いをしましょう。

5.7 デットエクイティスワップ（債務の株式化）

Q **増資をしたいのですが、過去に会社にオカネを貸してしまったので手持ちの現金がありません。なんとかならないでしょうか？**

A **デットエクイティスワップ（債務の株式化）ができる可能性があります。**

銀行に債務超過の解消を求められた。

営業許可の取得のために、資本金を増やす必要がある。

理由はさまざまですが、増資の必要に迫られることがあります。

しかし、オカネがない。

そんなとき、過去に社長が会社に貸したオカネを出資に充てることができます。

難しい言葉でいうとデットエクイティスワップ（通称ＤＥＳ）といって、会社にとって、債務の株式化、つまり借入金が資本金に振り替わる、ということになります。(登記上は、債権を目的とする現物出資という位置づけになります。)

以前は経営再建中の大企業が銀行の支援を受ける際に使われる手法でしたが、現在は中小企業でもよく使われていて、筆者の会計事務所でも、お客様のＤＥＳをお手伝いすることは少なくありません。

難しく聞こえますが、貸借対照表を図で示せば下記の通り。

会社にとっては、オカネの調達源泉が借入から資本に振り替わるだけなので、すぐにご理解いただけると思います。

これによって、登記簿謄本上の資本金はその分だけ上がります。

そして、社長が新たにオカネを出す必要もない。

純資産の部を厚くする必要に迫られたときには一度、検討してみると良いと思います。

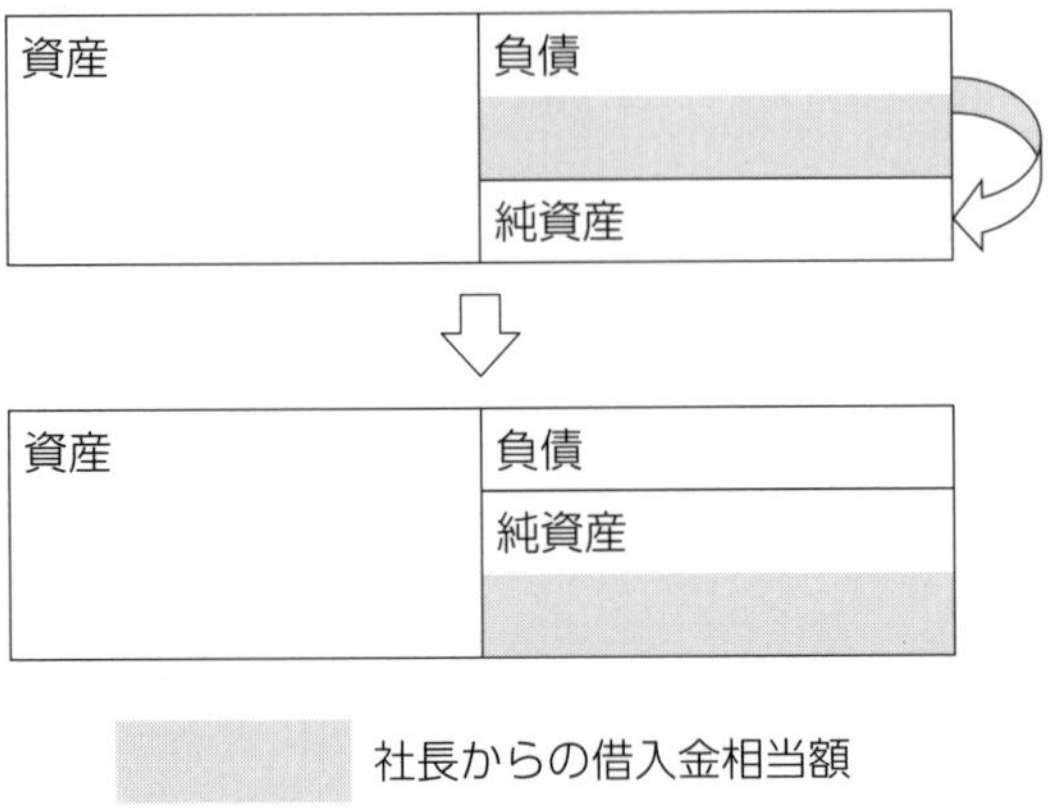

コラム

運転資金

メルマガ「成功の研究」から（メルマガ「成功の研究」は、筆者が隔週で連載しているレポートです。）

「売上・利益ともに増えているのにオカネが足りない。何か間違っているのでは？」

お客様からこうしたご相談を受けることがあります。

売上の中には売掛金になっている部分があって……などと表面上の説明はできますが、それでは十分納得いただけないことが少なくありません。

なにしろお客様は真剣に悩んでいるのです。

そのまま各論に入っていき、でも売掛金だったA社の○円は既に○月には入金されていて、B社の△円はたしかに一部しか入金されていないけど……となって、出て来られなくなります。

むしろ、「事業をしていると、順調になればなるほどオカネが足りなくなることが一般的ですよ。」と始めると、「あれ？」と我に返ってお話を聞いていただけます。

「3.6　社長と会社の貸し借りはどうする？（金利は付ける？　その利率は？）」にも少し触れましたが、たとえば、得意先からは請求後2ヶ月で入金、外注先・仕入先・従業員には当月払というケース。

この場合、2ヶ月分を先行して自社で支払っていく必要があります。

また、来月売る分、つまり1ヶ月分くらいは在庫を確保する必要もあるでしょう。

するとこの会社は、2ヶ月分の支払と1ヶ月分の商品代金を常に入金に先行して確保する必要があるわけです。

これを「運転資金」と言いますが、よほどベラボウな利益率でない限り、この会社は売上が伸びれば伸びるほど、それも伸びが急速なほどオカネが足りなくなります。

なぜなら、この「2ヶ月分の支払と1ヶ月分の商品代金」（＝運転資金）は、取引規模とともに大きくなるからです。

「運転資金」という言葉の意味とともにこの点理解しているといずれ役立つと思います。

そして、起業される方がたまにおっしゃる「借金は嫌だから、早めにどんどん売上を拡大していこうと思います」という言葉。

一見おかしくないのですが、矛盾を含んでいることもお分かりいただけると思います。

（もちろん掛仕入で現金売上をしているようなケースではまったくおかしくはありません。）

今回は、理解しているようで説明が難しい運転資金の話でした。

コラム

上場＝最高の選択？　最悪の選択？

会社をやるなら上場を目指すべき、と考える人は少なくありません。

上場はステイタスがあり、顧客獲得にも効果的だし、人材も採用しやすい。資金調達も容易になって、何より、上場時には創業者に利益が生じる。

というわけです。


本当でしょうか？

新興市場への上場は、ステイタスがあるかどうか微妙です。

また、自社の価値と市場環境次第ではありますが、資金調達や創業者利得もあまり期待できない場合もあります。

しかし、上場の持つ本来の意味はどんな場合も同じですから、次のことだけは気にしておく必要があります。

上場は、自分の会社が自分のものでなくなる、ということです。

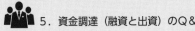

つまり、常に成長を求められ、外部への説明が求められるようになります。時には理不尽な圧力への対応、多くの説明のためのコスト、忍耐が必要になります。自由を求めて起業をした人には耐えられないかもしれません。

自分の会社が自分のものでなくなるなら、むしろ、本当に他人に売り渡してしまう方が良かったりします。いわゆるバイアウトです。

筆者は、上場で苦労している社長と同じくらい、バイアウトで多くのキャッシュとより大きな自由を手に入れている社長を見ているため、なんとなく、上場って本当に良いものなのか？　と考えてしまいます。

上場を目指すのなら、上場自体ではなく、上場によって何を手に入れようとしているのかを考え、その代わりに失うものとの比較やそれ以外の手段がないのかを慎重に考えることが必要だと言えるでしょう。

コラム

会社の価値

会社の価値、すなわち株式の価値、株価は、ソニー〇〇円、日立製作所〇〇円……などと毎日正確にわかります。これは株式が上場されているからです。

一方、非上場の場合には株価が出ていませんから、株式を発行して増資したい、他の株主から株を買い取りたい、といった場合、株価算定を行います。

この領域は深く、これだけで本が1冊書けるものを含んでおりますし、会計事務所がこの業務を請ける場合も何十万、ときには何百万の世界になることがあります。

ただ、基本的には次の２つのスタンスのいずれかで行います。

①会社が現在保有している資産価値から計算する。

②会社が将来稼ぐオカネから計算する。

（そのほかに、似た上場会社を参考にする方法もありますが、今回省略します）

①であれば、会社の貸借対照表（**図1**）に着目します。

貸借対照表　図1

将来稼ぐ（であろう）オカネ　図2

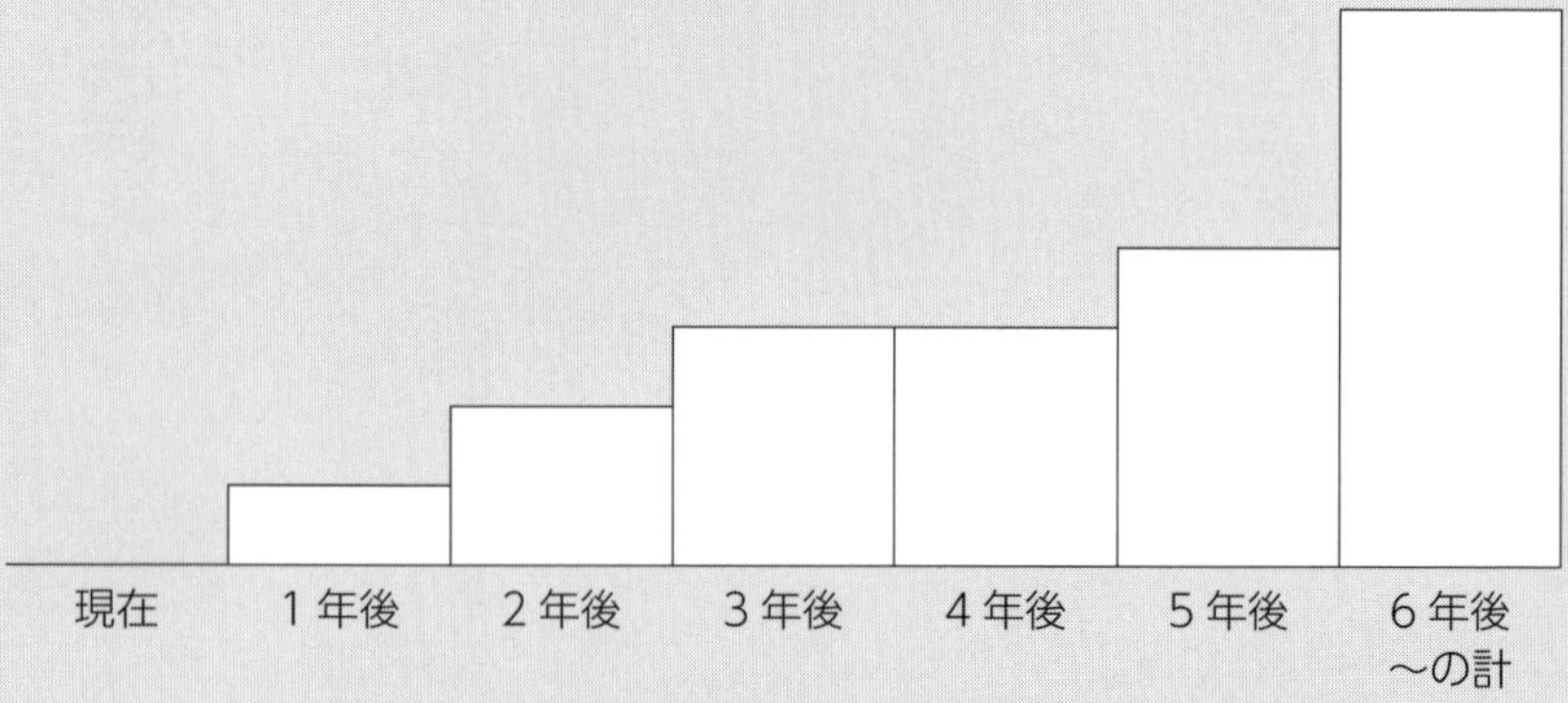

会社の資産と負債の差額である純資産を正味の価値ととらえ、これを株数で割ったものを株価とする方法です。

（たとえば、資産500万円、負債300万円、差引200万円が純資産。200株発行していたら、1株1万円という計算です。）

解散して財産を分配するときの価値ですから、活動中の企業の評価には適さないのですが、簡単に目安をつける場合にはよく用いられます。

一方、②であれば、会社の将来稼ぐ（であろう）オカネ（**図2**）に着目します。

たとえば5年先くらいまでを予測し、その先は5年後の値がそのまま続くなどと仮定します。

そして、これを利子率で割り引いて現在の価値に置きなおします。

（利子率10％なら、1年後の110万円は今の100万円である、という考え方です。）

この合計額を株数で割ったものが株価になります。

②の方が理論的であるとされ、公認会計士等の行う株価算定にはこれがよく使われます。

これらを組み合わせ、最終的には当事者同士で株価を決めることになります。なお、勝手に著しく低い値段でやり取りすると、差額を贈与とみなされたりしますから、株式をやり取りする場合には株価への慎重な配慮が必要です。

コラム

消滅する借金

「死ぬことも考えていますよ。」

会社の借金返済が滞った社長の言葉です。

本業がうまくいかず、事業で返済することは難しそうだ、どうしようもない。毎日考えているとそういう気分になってしまうようです。

借金が過大かどうかは、決算書上で色々な客観的分析のしかたがあります。ただ、それよりも主観が大きいな、と筆者は考えます。

冒頭のA社長の銀行からの借入金は2000万円でした。

一方で、同じ時期にあまり変わらない規模の会社で、数億の借入金が返せずに滞っても平然としているB社長もいました。

A社長は思いつめ、死にはしませんでしたが、まもなく会社と自分自身で一緒に破産してしまいました。

一方、B社長は、都市銀行3行に対してできる範囲で少しずつ返済を続けていました。

その結果、なかなか回収できないことに3行ともしびれを切らし、債権買取会社に債権を売ってしまい

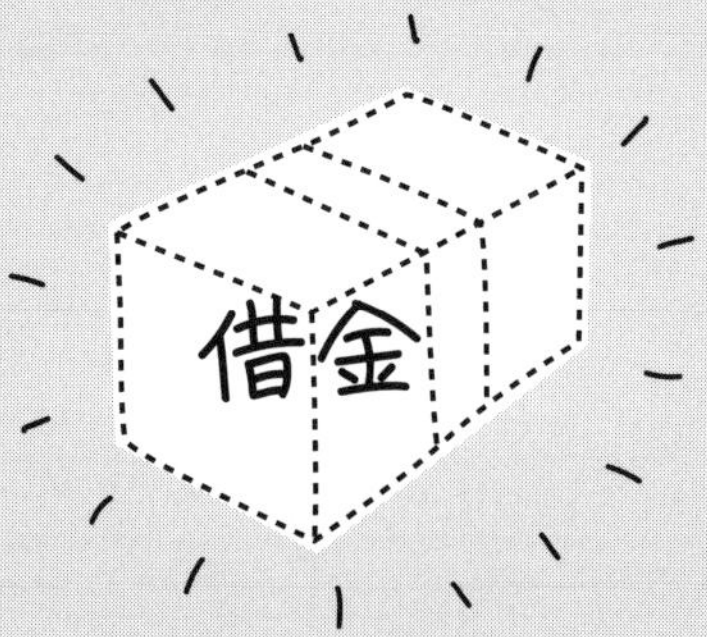

ました。

債権買取会社がいくらで買ったか知りませんが、数億だった借金は数千万に減額され、今はそちらに返済をしています。（つまり、タイトルに書いたような「消滅」ではないですが、億円単位で債務が免除され、会社には債務免除益が立ちました。）

債権買取会社といっても都市銀行の売却先ですから反社会的勢力のような類ではないのですが、それでも社長は「態度が悪い。失礼な奴だ。」と時折怒っています。（満足に返していないのはこっちなのになぁ、と冷静に思わないでもないのですが）

つまり、主観と言ったのは、客観的に見れば明らかに大きい借金を負っているB社長は平然としていて、その10分の1以下のA社長は死ぬことまで考えているという事実です。

筆者は、B社長はさすがに楽観的すぎると思いますが、A社長のように必要以上に悲観的に考えることはないと考えています。

事業で借金をすることもあるでしょうが、冷静に考えて対処してください。

コラム

お客様への貢献について

メルマガ「成功の研究」から（メルマガ「成功の研究」は、筆者が隔週で連載しているレポートです。）

「おかげで○億儲かりましたよ」とお褒めをいただきました。

お客様が経営の一線から退くために、自ら経営する会社の株を売却しました。正確には、不当に安い値段のオファーに応じるのを私が強く止めた結果、より適正な値段に近い別のオファーに応じられたという話。私が本来の価値以上に値を吊り上げたわけではありません。ただ、こうした非上場会社のM&A案件は、一応理論値は出せるものの、そもそも不当に安い、とか、適正な値段、とかを判断することはとても難しいのです。

とはいえ、今回は、価値の判断にかなりの確信がありました。設立当初から経営はかなりシステム化されていて株主や経営者の交代があっても特に問題が起こらないと予想できました。その前提で考えると、全額借金でその会社を買って、そこで得られるキャッシュフローで返済をする、いわゆるLBOでも、数年で取り返して以降は丸々儲けになる水準が見えていたからです。

これに対して、当初の△億円というオファーは低すぎました。私共はお客様サイドに立って、資料の準備、買収監査や交渉への同席をするのですが、金額の提示を受けた席で社長がOKを出しそうになるのをあえて引き取って保留にしてもらいました。

その上で改めて、この会社の価値に気づいてもらい、最終的にはお断りしてもらったのです。そして、この過程でかなり買い手寄りと感じたM＆A仲介会社とは別の仲介会社さんの協力を得て、新たな買い手を得ることができました。

その後、一度決まったものがいったん白紙に戻ったり、と紆余曲折を経ましたが、冒頭のお話の通り、○億円の上乗せを得て案件はまとまりました。

実はこれでもまだ安いと感じているのですが、最低限納得可能な水準ですし、買い手、売り手、そこで働く社員の皆様にとっても望ましい組み合わせだと思いましたので、結果的には良かったのではないかと考えています。

私どもの事務所にとって、今回のように億円単位のお話は稀ですが、これからもお客様に、「お任せしていてよかった」、と思ってもらえるような仕事をしていきたいと思います。

コラム

M&A再考

メルマガ「成功の研究」から（メルマガ「成功の研究」は、筆者が隔週で連載しているレポートです。）

M&A、お客様からご相談を受けることが増えてきました。私達には中小のお客様が多いので、主に売りです。実際、前年末からご相談に乗っていたお客様は5月に数億で売却されました。売りというと高齢となった経営者の引退が多いと想像されるかもしれませんが、このケースは50代半ばの社長。まだまだ働き盛りです。また、最近ご相談いただいたお客様は、いずれも社長は40代。どうやら、起業の出口（エグジット）として、かつてのようにIPO（株式の上場）ではなく、M&Aによる売却（バイアウト）を目指している方が増えているのです。

たしかにIPOは大変。目指すのも、達成するのも、維持するのも。オカネを集め、人材を集め、なんとか上場すると、今度はたっぷり会社に入ったオカネで儲け続けなければなりません。

オカネなどいくらあっても良いように思えますが、必要以上に預かって、「これで儲けろ」と言われるとかえって大変です。成功しているビジネスや案件にはそれぞれ適正規模があり、それを超えて突っ込んでもリターンは乏しくなりますから。上場維持のための負担も重い。

先日はベンチャーキャピタル（VC）から出資を受けた会社の取締役の方から、調子が出てきたが、本当はIPOじゃなくて、（かつ、まだM&Aでもなくて）まずはMBOを目指したいという話も受けました。

ＭＢＯとはマネジメントバイアウト。要は経営陣でＶＣなどの他の株主から株を買い取る方法です。

ＶＣから出資を受けた時点で、ＩＰＯを宿命づけられるのですが、そこをあえて見送りたい。自由に経営し、その先で外部へのバイアウトもありかも、と。私達では、そんなＭ＆Ａに向けたお客様にご相談いただくと、お話を伺ったり、接した事例や考え方などをお伝えし、規模にもよるのですが、Ｍ＆Ａの仲介会社をご紹介しています。

Ｍ＆Ａ仲介会社というのは、私の理解で言えば結婚紹介所のようなもので、お相手を見つけて、結婚まで持って行ってくれる会社。

なので、顔が広い（ネットワークが大きい）ことが重要です。買収監査の立会や株式譲渡の手続、関連する登記など、特殊な部分もないわけではありませんが、やろうと思えばどこの会計事務所・司法書士事務所でもできます。

しかし、この「相手を見つけてくる」の部分は何度Ｍ＆Ａにかかわった経験があってもまったく違いますから無理です。

そんなＭ＆Ａ仲介会社の方達と定期的に話すのですが、上記のような傾向のほかにも、ここ１、２年の傾向としては人材確保目的のＭ＆Ａが多く見られるとのこと。

人手不足の時代、会社の設備や固定資産、主要な取引先、業績といった要素以上に、どんな人材が何人いるかを評価する。

冒頭「5月に数億」と書いた会社も、まとまった数のエンジニアを抱えている点が評価されたようで、この会社の見つけてきてくれた上場会社に譲渡となりました。
最近の人手不足による影響はM＆Aの世界にも大きな影響を与えているようです。

6.

税務調査の Q.&A.

6.1 そもそも税務調査とは（調査がなければ何でもできる）

Q 税務調査とは何ですか？必ず来ると考えて良いのでしょうか？

A 税務署が申告内容の確認に来るものです。たとえば3年に1回必ず来る、というものではありません。

税務調査は、通常は税務署の調査官が申告内容の確認のために来るものです。

通常の場合、調査は次のように行われます。（もちろん、大会社の場合は国税局が担当だったり、体制・日数も大掛かりに行われます。）

連絡：1ヶ月前くらいに調査に行きたい旨（通常は会計事務所宛）の連絡がある。
　諸事情により、いわゆる「無予告」の調査もある。

対象：過去3期分の法人税、消費税、源泉所得税が中心。（おまけとして印紙税）

××税務署からまいりました。
初日はネクタイ着用が多い…

期間：2日間程度
担当：上席調査官又は調査官、事務官が、1〜2名で実施。

（時には統括調査官が参加することもあり。）

つまり、通常は、事前連絡を受けてから備える余裕があります。

また、過去3期分を見るので、それが揃う3〜4年に1回と言われます。

ただ、これはあくまでも目安で、多額の還付申告を出したり、急成長していたり、それ以外の理由で注目を浴びている会社はこれよりも短い期間で入りますし、赤字続きの小さな会社には創業以来入っていない、というケースもあります。

なお、ここでの「注目を浴びている」は、必ずしも世間の注目ではなく、税務署内部での注目です。税務署は色々な会社を調査するので、その過程で、取引先である多くの会社も目にします。その過程で注目を受ける可能性もあるのです。

税務調査は、あまり気分の良いものではないのですが、このフィルターを通ることで税務上の処理が確定する効果があります。つまり、調査前のものは、7年経った場合を除き、ひっくり返される可能性が残っています。

どんなメチャクチャな申告書も税務署はいったん受理しますので、タイトル通り、調査がなければ（というか調査があるまでは）何でもできるのです。

しかし、その後の調査で覆された場合、本税のほかに、過少申告加算税と延滞税、悪質な場合は重加算税がついた上に青色申告が取消されます。つまり、本来の税額を大きく上回る負担が一度に発生しますから、単に国民の義務、という以前に損得だけで考えても、曖昧な根拠に基づく節税だか脱税だかわからない処理は避けるべきということになります。

6.2

税務調査を前に（会計事務所は敵か味方か部外者か？「お土産」の用意は必要か？）

Q

税務調査は会計事務所を頼りにして良いのでしょうか？

A

基本的にはYESです。ただし例外もあるので、契約時に確認してみてください。

税務調査には、通常会計事務所が立会います。通常は、月々の料金とは別です。ただでさえ仕事がストップして、（多くの場合）税金が余分に取られるのに、さらに会計事務所に臨時の報酬を払うのでは話にならない、と思われるかもしれません。ただそれでも立ち会ってもらった方が良いです。

なぜなら、準備、税務署からの質問への回答、資料提出、最終的な結論のとりまとめ、いずれも経験があった方が的を射た対応ができるからです。自分だけで対応するよりも、味方になってくれる専門家がい

た方が、追加的な税負担がきっと軽く済みます。

ただ、気をつけてください。

会計事務所の中には税務調査に立ち会わないところもありますし、立ち会っても、極端に税務署側に迎合することがあるからです。

筆者の事務所に契約変更された会社さんでたまにあるのは、

「立ち会ってくれないので結局自分達で対応した」「立ち会ってはくれたが税務署の言いなりで、どっちの味方か分からなかった。」という話です。

契約をしていれば当然立ち会って、かつ、自分の味方になってくれると思ったらそうではなかった、というのです。そのため、会計事務所と契約するときには、調査にはどのように対応してくれるのかを事前に確認しておくと良いでしょう。ちゃんと立ち会うようにしていて、一定の経験がある事務所であれば、頼りにして大丈夫です。

なお、税務調査があるというと、「お土産を用意した方が良いと聞いたが本当か？」という話が出てくることがあります。（ここではいわゆる「お土産」です。本当に菓子折りを用意しようとした社長がいらっしゃったので、念のため）

筆者の経験からすると必要ありません。

用意してもしなくても、担当官は決められた手順であれこれ指摘してきますし、仮になければないでそのまま終了するからです。

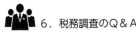

6.3 税務調査の受け方（必要な対応は？）

Q 調査当日の必要な対応、気をつけるべき点はありますか？その日は何の予定も入れられないのでしょうか？

A 書類を広げられるスペースとお茶程度を用意し、聞かれたことだけ答えてください。また、事前に了解を取れば、終日張り付く必要はありません。

税務調査では、調査官にどの程度対応すべきか図りかねるかもしれません。

特に最初は、ネットやら本やら人の話やらをたくさん見聞きしているので、余計に不安になるようです。

それら情報も色々で、「毅然として対応して、データのプリントアウト、資料のコピーの要求には応じなくても良い」などと書いてある本やブログもあります。

ただ、拒否することで持たれる興味を考えると、できれば応じた方が良いでしょう。

また、人の話も結構いい加減で、世間話を振り続けて核心に迫るのを阻止した、と自慢げに語ることも

ありますが、世間話を振り続けても、調査は現場だけでなく、持ち帰って署にいる上司（通常は統括調査官）のチェックを受けて進みますから、そのままで済むわけでもありません。

さらに言うと、余計な世間話からかえって違う視点を与えてしまうこともありますから、聞かれたことだけに答える、ということに重点を置いた方が良いと言えます。

場所は、重要書類を広げることが多くなりますし、一般社員には聞かれたくないような話に及ぶこともあり得ますので、会議室などでお願いするのがベストです。

なお、たとえば調査当日、たとえば1、2時間席をはずさなければならない用事ができてしまった場合、事前に調査官に言えば、「じゃあその間こちらで帳簿を見せてもらっていますので、その後まとめて質問させてください。」というような話になります。

調査官も営業妨害が目的ではないため、結構柔軟に対応してくれます。

また、現場の調査官には、会社から利益供与を受けないように、必要以上の負担をかけないように、と言われているようです。そのため、10時に来て夕方5時前には帰りますし、お昼の1時間は必ず席をはずします。（周りに飲食店がない寂しい現場でも、必ずお昼には出て行くため、時折、どこに行っているのかな？　と思うこともあります。）

つまり、税務調査は、あくまでも自然体で、聞かれたことにまじめに対応し、余計な話はしないようにすれば問題ないのです。

6.4

税務調査の終わり方1（最後に残されるネゴシアブルな領域）

?

Q

税務調査はどのように終結するのでしょうか？

A

2日目の昼前後に大まかにテーマが挙げられ、そこから絞り込んでいった項目を修正申告、というのが多いパターンです。

中小企業の税務調査は、多くの場合2日間の予定で組まれます。

典型的な流れは次の通りです。

初　日：朝10時開始。午前は社長ヒアリング。12時昼食休憩。午後帳簿を見始めて質問したり資料提出やコピーを求めて夕方5時前終了。

2日目：朝10時開始。12時昼食休憩。4時頃の社長説明までに絞り込み。

2日間で3期分を見るので、無駄はありません。世間話も税務署の担当官にとっては重要な情報収集の一環です。何気ない受け答えを根拠に「先ほど売上は○○のときに計上されるとおっしゃいましたが……」「最近、○○は○月に売れたと聞きましたが……」「従業員の○○さんは△△の案件に入っているということですが……」「管理部の○○さんは、実際は役員だとおっしゃっていましたよね」等と切り込んできます。

そうした手段も交え、特に直前期末を集中的にチェックし、おおよその目星をつけてきます。

そして、5～10個程度の、税務署としては修正が必要と考える項目をピックアップして会社側に提示することになります。

社長としては、これを全部受け入れたら大変なことになるぞ、となりますが、続く詰めの段階で徐々にアイテムを減らしていき、最終的に会社としてもまぁ仕方がないか、というラインに落ち着けます。

ただ、税務署も根拠なく減らしていくわけではありませんから、主に立ち会った会計事務所の方から、「○○は確かにその通りですが、このような扱いにはなりませんか？」

「○○は社長も認めている通りですが、△△はこれとは別ものと見るべきだと思いますが」などと、相談というか交渉というか、解釈の違いを会社側に立って埋めていく作業をしていき、その結果として減っていくわけです。

そのやり取りは調査が終わった後の資料の受け渡しや電話でも行われます。

したがって、税務署がおそらく想定の範囲内の部分も含めてネゴシアブルな領域が残され、そこでどう動くかで結果が変わってくることも出てきます。

なお、これはまともな主張をすれば動かせる可能性のある領域、と言う意味で、無理な主張を続けて突っ張れば認められる、というものではありません。

「まともな主張」を立ち会う会計事務所と相談しながらしていくのがベストと言えます。

6.5 税務調査の終わり方2（望ましい決着）

Q 税務調査の望ましい決着のさせ方はありますか？

A ありります。

税務調査の結果は、通常は修正申告です。

ちなみに過去の申告に修正が入る場合、税額が増えるときが「修正申告」で、減る場合が「更正」です。

多くの調査は税額が増える修正申告で終了します。（注）

しかし、ここで増える税額ですが、見た目の金額の大小に気を取られてはいけません。

例を挙げましょう。修正申告で、①50万円の税額増、②100万円の税額増。両者を比べたとき、明らかに①が良いように思います。

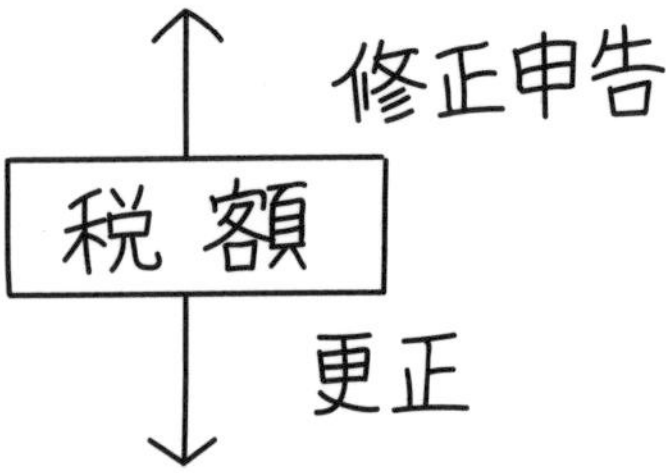

しかし、必ずしもそうではありません。むしろ②が良い場合も珍しくないのです。
それは、修正申告の原因が何かによります。
たとえば、第4期の途中で税務調査が入ったとしましょう。
調査の過程で、
①のケース：経費処理していたものが役員賞与とされて50万円の税額増となった。
②のケース：第3期の売上が第4期に計上されていたことが発見され、１００万円の税額増となった。

①のように役員賞与で税額増となったものは、増えてそれっきりです。
一方②のように期間帰属の違いによるものは、確かに第3期の税金が増えますが、第4期に同額が減ります。損害と言う言葉が適当かは別として、比較しますと次のようになります。
①の実質的損害＝55万円＋α：本税50万に過少申告加算税と延滞税
②の実質的損害＝10万円＋α：過少申告加算税と延滞税のみとなります。
つまり、②は見た目の税額１００万は大きいのですが、その翌年の税額が同額減ることにより、実質的な損害は①よりも小さいのです。

したがって、税務調査の終わり方として望ましいのは、②のように売上や費用の期間帰属がメインテーマとなる場合です。

一方、望ましくないのは、①の例のように、取り返しようのない役員賞与認定や交際費認定を受ける場合です。税務調査の過程で駆け引きのようなことになることもありますが、その際は、見た目の税額にとらわれず、②のような方向性でまとめていくことが重要になるわけです。

(注) 正確には、納税者自らするものを「修正申告」、税務署がするものを「更正」と言います。「修正申告」ができるのは税額が増える場合だけで、減らすには税務署に「更正」をしてもらう必要があります。
税務署は増額の「更正」もできるのですが、署内の煩雑な手続きを経る必要があることから、調査官は一般に、納税者自らの意思による「修正申告」で調査が終了するように臨んできます。

コラム

本当にあった恐い話1：2日目に出されたフローチャート

税務署の調査権限は結構強力です。

たとえば、職権で、銀行に対して会社や個人の取引履歴の照会をすることも可能です。

それを見たことがありますが、通帳には表示されない、誰の名義で振込んだのかまで出ていました。

以前、調査に立ち会った会社では、若干不自然に見える銀行取引がありました。私共でも違和感があったので、調査があれば指摘を受けるでしょうからちゃんと説明できるようにしておいた方が良いですよ、とお伝えしていた点です。

社長は、ちゃんと振込で払っているし問題ありませんよ、と言っていて、その半年後に調査が入りました。

税務署の担当官も予想通り突いてきました。そして、会社の説明が十分でないことに満足しなかったようで、初日の終わりに、「この件はこちらでも少し調べておきますので、社長さんも思い出しておいてください」と言って帰っていきました。

調査2日目。

調査官「あの件、思い出してくれましたか？」

社長「いえ。特に。」

調査官「そうですか。」

そう言うと、調査官はおもむろに紙を取り出しました。

そこには、会社の複数の口座と社長の個人口座、そして、振込まれた先の銀行口座を含むあらゆる口座が矢印でつながれ、そこに時間と金額が記録されているフローチャートが示されていました。

さらにそこには、そのうちのある口座から現金が引き出された直後に、同額が入金された口座があったこと、それはどこの銀行の○○支店のATMだったことまで明らかにされていました。

その後のことはここで書くことはしませんが、社長にとってはもちろん、立ち会った私にとっても嫌な時間だったことは間違いありません。

この件に限らず、特に税務調査を受けたことがない社長は、税務署のことを甘く見たり、反対に、不必要に恐れたりする傾向があります。

必要以上に恐れても大きな問題はないのですが、甘く見ると結構大変なことになります。経験がないために周囲の都合の良い話に流されやすく、明らかにNGのことを本気で大丈夫だと思っていたりすることもありますから、注意が必要です。

コラム

本当にあった恐い話2：税務署員との同伴出社

メルマガ「成功の研究」から（メルマガ「成功の研究」は、筆者が隔週で連載しているレポートです。）

「今事務所に税務署が来ているようなんで、先生来てもらえますか」

「え！　どういうことですか。ところで今社長は？」

「税務署の人と一緒に今から出社するところです。○時くらいに着くと思うのでできればそのあたりに。」

「はい。とにかく伺います。」

指定された時間に伺うと、ちょうど社長が調査官と一緒に事務所に入るところでした。

自宅を出たところで声をかけられ、そのまま会社に向かったとのこと。事務所に入ると既に6人いて、同伴出勤した担当官を入れたら7人になってしまいました。

無予告での調査に加えて、さらにこのような対応。

「普通じゃありませんね。どういう理由ですか？」と問いかけましたが、リーダーの上席調査官は、無予告であることと詫びましたが、理由についてはごにょごにょと言ってはっきりと言いません。

（予告は税務当局にとっては義務ではないので、詫びる必要は本当はありません。）

後で分かったことですが、どうやら取引先に、国税でマークしている会社というか集団があり、今回はお客様の会社がもしかしたらそのメンバーの可能性があるということでこのような対応になったようです。

実際はそういうことはなかったので、一通り関連資料の収集、社長へのヒアリングを実施した後、しっかりと通常の調査に移行し、通常通り成果というか副産物というかお土産を持って帰りました。

無予告がすべてこのような形で行われるわけではありません。もっと穏やかな場合ももちろんありますし、もっとヘビーな場合もあります。

ヘビーな場合としては、直接の関与先ではないのですが、別々の場所にいる取締役全員が一斉に同じタイミングに税務職員の訪問を受け、出社しようと思ったら自宅に戻されてそのまま事情聴取になったり、同伴出勤になったりしたケースもあります。

社長は一時期海外旅行ができなくなったり、そこそこ大変な結果になりました。実際には、極めて悪質な取引先に便乗してその会社自体も悪いことをしていたため、芋づる式に調査（というか査察だったようです）が入ったとのこと。

メインターゲットはその取引先なので、そこの悪事の裏づけをしつつ、便乗していた方にも当然大きなペナルティがありました。

似た話はもっとありますが、この辺にしておきましょう。

コラム

本当にあった恐い話3：東京国税局資料調査課

メルマガ「成功の研究」から（メルマガ「成功の研究」は、筆者が隔週で連載しているレポートです。）

「やっと終わった」

ある日の夜の11時半でした。
前の週の月曜朝から始まった税務調査が終わった瞬間でした。
先日お客様の下に、東京国税局資料調査課（通称リョウチョウ）の調査が突然入りました。
言っておきますが、税務署の調査とは全然違います。

査察部に準じる能力を持つとも言われる人達が、
FBIが地元警察を使って事件に当たるように
「踊る大捜査線」で本庁キャリアが所轄を使って捜査するように、
数人で、それを上回る数の所轄の税務署員を引き連れてやってきました。
私のゆっくり流れるはずの1週間は月曜朝のお客様からの電話で一変しました。
あらゆる予定はキャンセルとなり、夜は遅くまで立会いが続きます。

会社の経理の方は、

「これは査察ですか？」と私に尋ねましたが、違います。

金庫や机は同意の上で開けられますし、ＰＣのデータも一応断った上でコピーが行われます。

ただ、少々参ったのはメールが押さえられて、その1つ1つが分析されたところでした。

社内でやり取りされたあるメールは重要な証拠とされ、その真意や背景が問いただされた上で調書にされました。


私の隣では担当者が、職位、氏名、住所、生年月日を読み上げられた上で供述について相違ないかを確認の上、署名・押印が行われています。

そんな中、人払いがされ
「先生よろしいですか？」と私だけが部屋に残されて質問されることになりました。

あれ？　なんか変な雰囲気だな、と思いながら対応します。

「こちらにコピーがあるのですが、昨年の○月○日、先生から社長に送られたメールです。お手元のパソコンでご覧いただくことはできますか？」

え？　何を送ったんだっけ？

と探します。

ありました。

「社長さんに対して、ご質問にお答えになっている部分がありますよね。ご説明いただけますか。」

それは、社長がこのようなことを実行した場合の税務上のリスクは？　というものに私が答えたメールでした。

その一文に、これを行うと日本の国税当局は課税しにくくなると思うが（中略）事実上実行は不可能だからやめときましょう、というようなくだりがありました。

「日本の国税当局が課税しにくくなるということですが、どのような意味で書かれたのでしょうか？」と若手の実査官（調査官ではありません）が聞いてきます。

色々なアイデアに対してできるかできないかの検討を行うことは良くあることなので、言葉の通りである旨を伝えます。

そもそも基本的に、どうせわからないから脱税しちゃいましょう、というような話をすることはないし、社長ご自身それを求めているわけではないので、大丈夫なのは分かっているのですが、夜も更けた静かな会議室でこんな質問をされていると、参ったなぁ、という感じになるわけです。

そんなこんなで1週間で終わりました。本当はもっともっとたくさんあるのですが、私以外の具体的なことは書くべきではないのでここまでとします。

ただ、特に最終日夜の会社側と国税との最後の詰めの打ち合わせは、私も社長に全面的にお任せいただき、会社サイドに立って結構がんばりました。

そのため、事務所のプロモーションビデオにして、できれば皆さんにも見ていただきたいぐらいなのですが、守秘義務の塊のようなミーティングなのでそれもかないません。

ただ、振り返ってみて彼らは優秀でした。何かをひけらかしたりえらぶったりすることはまったくありませんが、接していれば分かります。

また、夜も厭わずがんばっていました。

敵でなければ一緒に仕事をしたいくらいの人達でした。

＊＊＊＊＊＊＊＊＊＊＊＊　まとめ　＊＊＊＊＊＊＊＊＊＊＊＊＊＊＊＊＊＊＊＊

リョウチョウには気をつけろ。

彼らは優秀だし、5時には帰らない。

＊＊＊＊＊＊＊＊＊＊＊＊　あとがき　＊＊＊＊＊＊＊＊＊＊＊＊＊＊＊＊＊＊＊

実はこんな調査の最中に第2子が誕生しました。
会社の方からはもちろん、国税の方々からもお祝いの言葉をいただきました。
そのため、税子と名付けました。
(ウソです)

コラム

本当にあった恐い話4：裏切り

「申し上げにくいのですが、社長さんがおっしゃっていることは嘘でした。店長さんに聞いたら、社長さん以外の採寸は一度もしたことがないと言っています。」

調査官が反面調査の後に私に電話をかけてきました。

彼らの行き先はオーダースーツのお店。

調査の現場では、取引先の人にお店に来て採寸してもらい、出来上がったスーツをプレゼントをした、と社長が主張したもので、

「相手は○○さんです。」「じゃあ交際費処理しているからまぁOKですね。」と、その場はおさまったかに見えたものです。

でも、調査官は確かめに行ったようです。社長ご自宅の近所だし、唐突な感じがして何かおかしい。オーダーですから高いとは言え100万には届きません。つまり、反面調査をする金額としては多くはないのですが、見過ごせなかったようです。

「そうでしたか。」

私がその旨を社長に伝えると、ご迷惑かけちゃうと思ったんで黙っていました。すみません。とのこと。

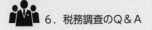

一瞬ショボンとなった社長ですが、直後に怒りに変わっていました。

「みんなやっていますよ。うまいことやってあげますよ。」店長にそう言われたからこうなったのだそうです。

にもかかわらず、税務署が来たら洗いざらいしゃべって自分は逃げた。

社長の目には裏切りに映ったようです。もう二度と行かない、とおっしゃっていました。

もちろん社長が悪いのですが、こうした調子の良いことを言う人をあまりあてにしないことです。

この会社の話ではありませんが、ほかにもこんな話がありました。

香港の自称コンサルタントに乗っかって、その人に外注費を定期的に払った。

ちょっと危ないかな、とは思ったが、「大丈夫です。税務署が来たら自分に電話してください。ちゃんと説明しますから。」と言われていた。

実際に税務署が来たら連絡が取れなくなった。

私は、こういう人たちが悪いのは裏切ったからというよりも、特にやろうとも思っていなかった人をそのかすからだと思っています。

なに馬鹿正直にやっているんですか?

これをダメって言う税理士の方がおかしい。

などと言って社長に損をしている気分にさせて、自分の話に引き込むからです。

そして、その人たちが責任を取ることはありません。

ネットでも、結構適当な話が垂れ流されていますから気をつけてください。

コラム

質問応答記録書

メルマガ「成功の研究」から（メルマガ「成功の研究」は、筆者が隔週で連載しているレポートです。）

コロナで事実上半年ほどストップされていた税務調査が再開されています。私自身、最近開始された3件（法人2件、相続1件）に対応中。（注：本メルマガ発信時の令和2年11月現在の話です。）

再開後の調査官達は、相続の案件では（極力実地調査ではなく）書面のやり取り中心に進めましょう、とかの提案はあるものの、基本的には以前と特に変わらない行動様式を取ってきている様子。

その変わらない行動様式の1つが「すぐ重加算税に持って行こうとする。」です。

彼らの税務署内の評価ポイントの1つが、重加算税を取るところにあるようなのですが、何かあるたびにすぐにこちらに持って行こうとします。

この重加算税、ミスに課せられる過少申告加算税に代わり、仮装・隠蔽等の悪質な場合に課せられるもの。要は、税務署内では、「悪質な事案を発見した君は偉い！」と手柄になるわけです。

一方、課せられる側は、過少申告加算税は最大15%であるのに対し、重加算税は35%と重く、利息に当たる「延滞税」の計算も不利になります。また、税務署内のシステムでも悪質納税者の仲間入り。だから、こっちとしては認めたくないわけです。

しかし、重加算を受け入れたら調査が終了しそうな雰囲気になることがあって、本税が少ない場合、そこに何%をかけようがたいして変わらないし、終わるならそれで結構、という判断になることもあります。なので、受け入れるのも判断として「あり」なのですが、過少申告加算税と重加算税との差が無視できないような場合などは特に、安易に受け入れるべきではありません。

そのときは、税務署が用意してくる「質問応答記録書」にも警戒する必要があります。税務署は後で揉めることなく重加算税を課すため、「質問応答記録書」という文書を用意してきます。それは問答形式で書かれていて、冒頭の大部分は問題ない事実で始まります。

問「あなたの職業は何ですか」

答「私は○○の代表者で、○○の仕事に従事しております。」

とか、異論の余地がありません。しかし、後半になってくると

問「なぜ○○をしたのですか」

答「私は○○をしたら問題があると分かっていたものの、税金が還付されることを知り、思わずしてしまいました。」とか書かれています。

最後に

問「以上で質問を終えますが、訂正又は付け加えたいことはありますか。」

答「ありません」

で終わり。重要なのは後半の方。これを取られると、何しろ自分で供述して署名押印までしているわけですから反論が難しくなります。また、「行政文書だから」とコピーも渡されないので、社長自身、何に署名押印したかがわからなくなるという特殊な状態に置かれます。

だから国税出身のコンサルの方は、質問応答記録書への署名押印は百害あって一利なしだからすべて拒否すべき、と言うくらいです。

（私は、問題ないと判断した場合は、応じていただいて結構です、と社長に言っていますが）

過去の判例では、ずさんな質問応答記録書がひっくり返されたこともあるようですが、基本的にはこれを取られると、その論点では負けを覚悟する必要があります。ですから、「全て拒否」も分からないでもありません。

今回の調査でも、ある論点でこれを求められました。

こちらがミスだ、と言っているのに、かなりしつこく意図的にやったのではないか、という線で言ってきます。（正確には、意図的だったからこれこれを用意したのでは、とか言ってきます）

税理士は、質問応答記録書への署名押印が任意であることを知っていますが、納税者だけなら確実に押印してしまう流れです。

どこを直せば良いか。事実なら署名押印しても良いでしょ、と言ってきます。

私が文句をつけると、丁寧な態度ながら、いやこれは社長さんにお願いしているんです、社長さんいかがですか、と。

彼らが好き勝手に切り取った事実だけをつまんだ文書である時点で問題なので、私からは税務署長宛の文書を差し入れて問題点を指摘。（口頭であれこれ言っても流されてしまうので、税務署への主張は文書によるべきです）

社長も最終的に署名を拒否されました。

その効果があったのだと思います。この論点の重加算税は見送られることになりました。

以上、税務署内部の判断が本当はどうだったかわかりませんが、私の知る限りの情報を元に

・調査官一般の傾向
・重加算税、過少申告加算税の違い
・質問応答記録書の存在と対処
・税務署へ物申すときは文書で

というお話をさせていただきました。なお、今回はこうした経緯を経て、「税務署も元気にやっているな」と決してうれしくはありませんでしたが、少し頼もしく思いました。

コラム

かって接した調査官

メルマガ「成功の研究」から（メルマガ「成功の研究」は、筆者が隔週で連載しているレポートです。）

私も会計事務所を始めてそろそろ20年。その過程で多くの税務調査官に接してきました。１００人を簡単に超えると思いますが、その中でも印象に残った方達について書いてみます。

1．東京上野署のM上席調査官

私にとって初めての税務調査。それこそ20年近く前になります。既に40後半から50代前半だったその調査官。今は退官され70前後だと思います。緊張もしていましたし、私の経験が浅いことがすぐにわかったのでしょう。そこに付け入ることなく、「先生こうではないですか」と今思い返しても最低限の指摘事項に留め、修正申告の原案まで手書きで作ってくれました。

Mさんのお名前、難しい字だったこともあって、人となりとともに今でも鮮明に覚えています。手心も加えてくれたのかもしれません。逆の立場で当時のM上席と同じような年になった私は、若手の調査官に偉そうにしてはいけません。

2．国税局資料調査課の調査官（実査官）

厳密には調査官ではなく、資料調査課（リョウチョウ）の人達は「実査官」と称し、名刺にもそう書いてあるのですが、調査を受ける方としてはまぁ同じですね。「本当にあった恐い話3東京国税局資料調査課」はいまだに悪夢のようです。

また、これとは別のリョウチョウ案件も対応しました。身構えましたが、やはり1週間ほどかかったものの、スパッと話が終わりました。切れ者達が来て、お客様も「実は……」というのがあり。こっちも経験を積んで手馴れていたことも手伝って、ものすごい勢いで結果をまとめて爽やかに「お世話になりました。ありがとうございました。」と帰っていきました。

「悪夢」の時は男だらけで所轄署の応援も含めて最大15人近く。お客様の事務所をうろうろして本当にむさくるしかったのですが、この時は若い女性の実査官もいて、それだけで雰囲気が和らいだことを覚えています。

3．地方の調査官たち

（四国）

「会社のクルマで来ました」とお母さん調査官でした。会社って言うんですね、と言うと、あ、おかしいですか？　私達は少し職業を伝えにくいことがあるので、とのこと。ママ友にも「公務員です」、で留めるようにしたり、気を遣っているようでした。

明日○時の飛行機ということですから早めにやりますね、と私にも気を遣っていただきました。

（東北）

震災後の津波の後のことを調査官と社長とがしみじみ語らっているのに接しました。木の枝に人の腕が絡まっていたとか。

私ともう一人で同席したのですが、入り込む余地のない領域があるように感じました。

その調査官には、私の手持ちのＰＣであれこれデータを見せていたのですが、少し調子に乗って余計なものまで見せてしまい、「あれ？」とか言われて冷や汗をかいたことを覚えています。

（北海道）

調査官達は車にノートＰＣ、プリンター、コピー機を積んでやってきました。東京（少なくとも２３区内）の調査官は徒歩で、かつこうしたＩＴデバイスは間違っても持ってきません。最近は、調査対象会社の申告書や決算書まで持ってこないので調査に支障が出ることもありますが、途中でなくしたら大変なことになるからだそうです。（たしかに人数も多いので、中にはそういうこともあるのかもしれません。）

そんな北海道の調査官、花粉症だというので何の花粉ですかと聞いたら「シラカバです」とのこと。なんか素敵。

4．再任用の調査官たち

再任用とは、60歳を過ぎて、65歳までの間嘱託扱いで過ごす調査官。偉かった人が、かつての部下の下に入ってノルマとは無縁に過ごします。プレッシャーからも解放されているようで、「良いおじいちゃん」

という方も少なくありません。

おしゃべりな人も多く、同行する若手の調査官が困惑する場面もあったりします。平成31年の4月1日もそのような調査官が1人で来られた調査に立ち会っていました。朝、何かそわそわしています。

調査官「社長、そろそろですね」

社長「え、何がですか？」

調査官「発表じゃないですか、元号。そろそろ11時半ですよ。」

会議室にテレビがあるので、社長が冗談半分に「つけますか？」と聞いたら「はい。お願いします！」

菅官房長官の令和の発表、調査官、社長、私とうちの事務所スタッフの4人で見届けました。

5. 若手の調査官たち

正確には調査官になる前の「事務官」であることも多いのですが、小さな会社の場合、まだ現場に出すのは、出す方としても心配だろうなという人達が1人で来ることがあります。（最近は上司目線、親目線で見てしまうことも多いのでなおさら）

本当に頼りなくて2日目に上席や統括が合流してくることもありますが、それ以外のほとんどの人は、かなりちゃんと仕上げていきます。

1人で来ても、帰れば上司や審理といった別の部署のチェックが入るので、実は何ら油断するような相手ではありません。ただ、社長としてみるとどうしても若いので、まぁ頑張ってくださいという感じになり、痛いところを指摘されると「あの若造、小娘にやられた」となりやすい。

そんなこんなで彼らも苦労しているようで、別の会社の調査では、怒った社長に写真を撮られてＳＮＳに上げられて大変だったと言っていました。

結構ありますね。敵とも言える立場の方々ですが、お世話になりました。私もそんな方々に鍛えられ、だいたい彼らの思考や行動様式もわかってきました。

七訂版のおわりに

新型コロナウィルス発生から2年が経ったときに前回六訂版が出ました。それからさらに2年が経った今、ウィズコロナという形で私達は日常を取り戻しています。中国からを除きインバウンドも復活し、日経平均株価がバブル以来の史上最高値を更新しました。

株に限らず、マンションや車、さらにはスーパーの食品に至るまで値上がりしていますし、大手企業が労組に満額回答しているニュースにも接しています。私が社会人になってからずっと続いていた、そしてこの先も変わらないのではないかと思っていたデフレ経済が終わったのかもしれません。これに関しては、長いトンネルを抜けたのかもしれない、いや、そうかもしれないけどまた次のトンネルの入り口に立っただけかもしれない、様々な見方があることでしょう。

とはいえ、いずれにしても大きな変化を迎えているのは確か。そして、変化はチャンス。お客様を見ても、成長を続けているのは常に変化をしている企業です。それは個人であっても同じでしょうから、私たちも変化をチャンスととらえ、自らも変わっていかなければいけません。

でも大丈夫。

実はコロナも含めて、これまで環境変化のない時など一度もありませんでした。私達は皆、それを乗り越えてきたわけですから、これからも頑張っていけば自ずと道は開けます。

そんな楽観論で締めくくりたいと思います。

もし、この本をお読みいただき、私達にご相談したくなったら是非ご連絡ください。大歓迎です。

税理士法人ASC・株式会社エーエスシー

本　社　〒108－0023　東京都港区芝浦3丁目16番4号　山田ビル3階

横浜支店　〒231－0062　横浜市中区桜木町3丁目7番2号　桜木町シティビル9階

URL：https://www.ascinc.co.jp

メール：info@ascinc.co.jp

電　話：0120－19－7350

最後に、今回も初版からお世話になっている方々に引き続き関与いただきました。ありがとうございました。

資料

Vol. 006：2009/09/28　直感
Vol. 005：2009/09/16　数字
Vol. 004：2009/08/24　死ぬ気で・・・
Vol. 003：2009/08/14　成功の定義
Vol. 002：2009/07/27　日本人は変わったか
Vol. 001：2009/07/15　知名度がないときの料金設定

Vol. 034：2010/11/30　当事者意識
Vol. 033：2010/11/15　プラスの加速度
Vol. 032：2010/10/29　自分の分給
Vol. 031：2010/10/15　リーダーの条件
Vol. 030：2010/09/29　東京国税局資料調査課
Vol. 029：2010/09/15　強い思い
Vol. 028：2010/08/30　カネのためにに仕事をしない
Vol. 027：2010/08/15　できない理由を疑う
Vol. 026：2010/07/26　ものの見かた
Vol. 025：2010/07/15　成功する経営者の特徴
Vol. 024：2010/06/30　日本脱出
Vol. 023：2010/06/15　ワタミの渡邊社長＋おしらせ
Vol. 022：2010/05/27　型から入る
Vol. 021：2010/05/18　宮本武蔵と真田幸村
Vol. 020：2010/04/30　丁寧な態度
Vol. 019：2010/04/16　模倣と創造
Vol. 018：2010/03/30　成長の原理
Vol. 017：2010/03/16　人を見る目
Vol. 016：2010/02/26　相手の立場を理解する
Vol. 015：2010/02/15　名言集
Vol. 014：2010/01/29　読書と成功の関係
Vol. 013：2010/01/15　早起きと成功の関係
Vol. 012：2009/12/28　税務署と監査法人
Vol. 011：2009/12/14　資産運用
Vol. 010：2009/11/24　This is it
Vol. 009：2009/11/13　失敗パターン
Vol. 008：2009/10/26　暇に耐える心
Vol. 007：2009/10/17　手数（てかず）を出す

資料

Vol. 062：2012/01/31　銀行の融資
Vol. 061：2012/01/13　間違ったら
Vol. 060：2011/12/27　運転資金
Vol. 059：2011/12/15　セミナー
Vol. 058：2011/11/29　社長列伝(3)　潜入捜査官
Vol. 057：2011/11/15　FX
Vol. 056：2011/10/31　良い本の探し方
Vol. 055：2011/10/14　シンプル
Vol. 054：2011/09/30　事業の用に供する
Vol. 053：2011/09/15　日本での商売
Vol. 052：2011/08/29　金持ちになるには
Vol. 051：2011/08/15　ギャップ
Vol. 050：2011/07/29　自筆の手紙
Vol. 049：2011/07/15　行動力
Vol. 048：2011/06/30　嫌われることを恐れない
Vol. 047：2011/06/15　裁定
Vol. 046：2011/05/30　中小企業の M&A
Vol. 045：2011/05/15　経営課題としての労働者問題
Vol. 044：2011/04/27　われ思う→価値
Vol. 043：2011/04/17　社長列伝(2)　カードカウンター
Vol. 042：2011/03/27　社長列伝(1)　銀座決戦
Vol. 041：2011/03/14　義理人情
Vol. 040：2011/02/28　敵を知る
Vol. 039：2011/02/17　現在価値
Vol. 038：2011/01/31　IT ツール
Vol. 037：2011/01/17　教育について
Vol. 036：2010/12/28　日本経済のゆくえ
Vol. 035：2010/12/15　人にまかせる

Vol. 090：2013/03/29　TOC
Vol. 089：2013/03/15　努力について
Vol. 088：2013/02/28　亀井さんの置き土産
Vol. 087：2013/02/15　不労・フロー・インカム
Vol. 086：2013/01/31　宣伝と営業
Vol. 085：2013/01/15　仏壇と税理士
Vol. 084：2012/12/30　所有と経営
Vol. 083：2012/12/15　最近の法人化事情
Vol. 082：2012/11/30　成功と憂鬱
Vol. 081：2012/11/15　税務調査が変わる？
Vol. 080：2012/10/31　プライベートバンク
Vol. 079：2012/10/15　副業を会社で
Vol. 078：2012/09/30　売上、利益、キャッシュ
Vol. 077：2012/09/15　潜在意識
Vol. 076：2012/08/31　太陽光
Vol. 075：2012/08/15　経費の話
Vol. 074：2012/07/30　不安は×
Vol. 073：2012/07/14　金（GOLD）
Vol. 072：2012/06/30　名前
Vol. 071：2012/06/15　独りの時間
Vol. 070：2012/05/31　以和為貴
Vol. 069：2012/05/15　負ける≠負けている
Vol. 068：2012/04/28　借金と利益率
Vol. 067：2012/04/13　マーケティング！
Vol. 066：2012/03/30　敗軍の将、兵を語る
Vol. 065：2012/03/15　そなえよつねに
Vol. 064：2012/02/29　景気について 2012
Vol. 063：2012/02/15　FC

資料

Vol. 118：2014/05/31　社長列伝(4) 詐欺師との戦い
Vol. 117：2014/05/15　不適切な質問
Vol. 116：2014/04/30　廃業率
Vol. 115：2014/04/15　ソーラー税理士の近況
Vol. 114：2014/03/31　最近の若者
Vol. 113：2014/03/15　呼吸と健康
Vol. 112：2014/02/28　海外不動産と節税
Vol. 111：2014/02/14　理論的に良いこと
Vol. 110：2014/01/31　相続放棄
Vol. 109：2014/01/15　睡眠時間
Vol. 108：2013/12/28　景気動向 2014
Vol. 107：2013/12/15　資格商売
Vol. 106：2013/11/29　トウカツ
Vol. 105：2013/11/15　経営理念
Vol. 104：2013/10/31　目先のカネ
Vol. 103：2013/10/15　30 代の焦り
Vol. 102：2013/09/30　なぜあの FX トレーダーは・・・
Vol. 101：2013/09/15　庶民感覚
Vol. 100：2013/08/30　ソーラー税理士
Vol. 099：2013/08/15　所有と利用
Vol. 098：2013/07/31　人口ボーナス
Vol. 097：2013/07/15　繰上げ返済はするな
Vol. 096：2013/06/28　危機感
Vol. 095：2013/06/15　太陽政策？
Vol. 094：2013/05/31　人生の王道
Vol. 093：2013/05/15　税務署と真実
Vol. 092：2013/04/30　ソーラー大家さん
Vol. 091：2013/04/15　職住隣接

Vol. 146：2015/07/31　教育と経験
Vol. 145：2015/07/15　銀行用
Vol. 144：2015/06/30　マニュアル化
Vol. 143：2015/06/15　逃げ癖
Vol. 142：2015/05/31　笑顔
Vol. 141：2015/05/15　立地
Vol. 140：2015/04/30　出る杭
Vol. 139：2015/04/15　ニワトリと卵
Vol. 138：2015/03/31　農耕型と狩猟型
Vol. 137：2015/03/15　日本人について
Vol. 136：2015/02/28　40代
Vol. 135：2015/02/15　社長列伝：来秋に2.5億
Vol. 134：2015/01/31　一般社団法人
Vol. 133：2015/01/15　余裕
Vol. 132：2014/12/27　取捨選択
Vol. 131：2014/12/15　面接
Vol. 130：2014/11/30　起業後の心理的壁
Vol. 129：2014/11/15　本の威力
Vol. 128：2014/10/31　社会貢献
Vol. 127：2014/10/15　ヒットの秘訣
Vol. 126：2014/09/30　社長列伝(5) 昭和の職人？
Vol. 125：2014/09/15　さこうじゅう
Vol. 124：2014/08/31　伸びてる会社
Vol. 123：2014/08/15　業績連動休暇？
Vol. 122：2014/07/31　値決め
Vol. 121：2014/07/15　人生の有限性
Vol. 120：2014/06/30　効率化ツール
Vol. 119：2014/06/15　ヒト

資料

Vol. 174：2016/09/30　コインランドリー(3)
Vol. 173：2016/09/15　味方
Vol. 172：2016/08/31　コインランドリー(2)
Vol. 171：2016/08/15　遺言
Vol. 170：2016/07/31　コインランドリー(1)
Vol. 169：2016/07/15　ファンド
Vol. 168：2016/06/30　引き際
Vol. 167：2016/06/15　人生の成分
Vol. 166：2016/05/31　オカネの流れ
Vol. 165：2016/05/15　ちゃんとやる
Vol. 164：2016/04/30　オカネの色
Vol. 163：2016/04/15　タックスヘイブン
Vol. 162：2016/03/31　仕事はゲーム
Vol. 161：2016/03/15　さまざまな不安
Vol. 160：2016/02/29　相対的
Vol. 159：2016/02/15　Air_bnb の教科書
Vol. 158：2016/01/31　ハードディスク
Vol. 157：2016/01/15　回収
Vol. 156：2015/12/31　ルール
Vol. 155：2015/12/15　オカネ
Vol. 154：2015/11/30　Airbnb
Vol. 153：2015/11/15　ふるさと納税
Vol. 152：2015/10/31　薬指
Vol. 151：2015/10/15　オッパチさん
Vol. 150：2015/09/30　正解
Vol. 149：2015/09/15　スマホの時代
Vol. 148：2015/08/31　石田純一方式
Vol. 147：2015/08/15　励ました話

Vol. 202：2017/11/30　調査官は公務員
Vol. 201：2017/11/15　ふるさと納税 2017
Vol. 200：2017/10/31　後悔
Vol. 199：2017/10/15　定年後
Vol. 198：2017/09/30　賛否両論
Vol. 197：2017/09/15　月の満ち欠け
Vol. 196：2017/08/31　餅は餅屋
Vol. 195：2017/08/15　即決
Vol. 194：2017/07/31　カンサって
Vol. 193：2017/07/15　リスク
Vol. 192：2017/06/30　投信嫌い
Vol. 191：2017/06/15　給与体系
Vol. 190：2017/05/31　新しい働き方
Vol. 189：2017/05/15　負けたかも
Vol. 188：2017/04/30　貯金で節税
Vol. 187：2017/04/15　SNS
Vol. 186：2017/03/31　消費税
Vol. 185：2017/03/15　投資戦略フェア 2017
Vol. 184：2017/02/28　スマホ対応
Vol. 183：2017/02/15　おすすめツール
Vol. 182：2017/01/31　デジャブ（既視感）
Vol. 181：2017/01/15　虚構
Vol. 180：2016/12/31　新卒
Vol. 179：2016/12/15　前提条件
Vol. 178：2016/11/30　横浜計算センター
Vol. 177：2016/11/15　勉強
Vol. 176：2016/10/31　社長列伝(7) なんでもできる
Vol. 175：2016/10/15　AI

資料

Vol. 230：2019/01/31　その後の話：Airbnb
Vol. 229：2019/01/15　社長列伝(9)　オカネと勇気
Vol. 228：2018/12/31　洗脳
Vol. 227：2018/12/15　腕時計の話
Vol. 226：2018/11/30　メールの次？
Vol. 225：2018/11/15　RPA（続報２）
Vol. 224：2018/10/31　応援
Vol. 223：2018/10/15　ネットの情報
Vol. 222：2018/09/30　起業・独立の期限
Vol. 221：2018/09/15　今日が最後の日
Vol. 220：2018/08/31　上得意の功罪
Vol. 219：2018/08/15　自社ビルの功罪
Vol. 218：2018/07/31　10億≒２百億≒４千億？
Vol. 217：2018/07/15　社長列伝(8)　働きすぎ？
Vol. 216：2018/06/30　勝因
Vol. 215：2018/06/15　RPA（続報）
Vol. 214：2018/05/31　雑感201805
Vol. 213：2018/05/15　交際費
Vol. 212：2018/04/30　愛想
Vol. 211：2018/04/15　ゴルフと成功の関係
Vol. 210：2018/03/31　３月60日
Vol. 209：2018/03/15　RPA
Vol. 208：2018/02/28　読書と成功の関係２
Vol. 207：2018/02/15　ヘリでゴルフ
Vol. 206：2018/01/31　20億≠５億×４
Vol. 205：2018/01/15　キングコング西野亮廣さん
Vol. 204：2017/12/31　景気'17-'18
Vol. 203：2017/12/15　便利なサービス＋反省

Vol. 258：2020/3/31　チャンス・アクション
Vol. 257：2020/3/15　就活 2021
Vol. 256：2020/2/29　中間管理職
Vol. 255：2020/2/15　オカネをかけても
Vol. 254：2020/1/31　50 代
Vol. 253：2020/1/15　守秘義務の話
Vol. 252：2019/12/31　ベトナムに負ける日
Vol. 251：2019/12/15　サブスク問題
Vol. 250：2019/11/30　久しぶりにやられた話
Vol. 249：2019/11/15　必敗パターン
Vol. 248：2019/10/31　夢を描く
Vol. 247：2019/10/15　面接・反省・感謝
Vol. 246：2019/09/30　裏切者？
Vol. 245：2019/09/15　消費税還付ビジネス
Vol. 244：2019/08/31　Ｍ＆Ａ再考
Vol. 243：2019/08/15　老後２千万問題
Vol. 242：2019/07/31　社長列伝(10)　探偵
Vol. 241：2019/07/15　グレーとブラック
Vol. 240：2019/06/30　かつて接した調査官
Vol. 239：2019/06/15　孫さんと AI と技術革新
Vol. 238：2019/05/31　社員を大事に
Vol. 237：2019/05/15　壁のはなし
Vol. 236：2019/04/30　おすすめ本 H31
Vol. 235：2019/04/15　節税保険のゆくえ
Vol. 234：2019/03/31　40 代２
Vol. 233：2019/03/15　インボイス制度
Vol. 232：2019/02/28　ボツ企画
Vol. 231：2019/02/15　下請法

資料

Vol. 286：2021/5/31　一口馬主
Vol. 285：2021/5/15　ご報告２点
Vol. 284：2021/4/30　寄附の効用？
Vol. 283：2021/4/15　おすすめには乗る
Vol. 282：2021/3/31　油断の対価
Vol. 281：2021/3/15　最近・・・２
Vol. 280：2021/2/28　資産は上・・・
Vol. 279：2021/2/15　カネ余り
Vol. 278：2021/1/31　分かっている未来
Vol. 277：2021/1/15　無知のコスト
Vol. 276：2020/12/31　立場
Vol. 275：2020/12/15　質問応答記録書
Vol. 274：2020/11/30　性差
Vol. 273：2020/11/15　種類株式と NPB 目指す野球チーム
Vol. 272：2020/10/31　最近・・・
Vol. 271：2020/10/15　読書メモのすすめ
Vol. 270：2020/9/30　マルサが来た話
Vol. 269：2020/9/15　社長列伝(11)　私は背中です
Vol. 268：2020/8/31　持株会社化と家族信託（その２）
Vol. 267：2020/8/15　現在の景況
Vol. 266：2020/7/31　持株会社化と家族信託（その１）
Vol. 265：2020/7/15　思い込みと事実
Vol. 264：2020/6/30　素朴な疑問
Vol. 263：2020/6/15　テレビ会議に注意
Vol. 262：2020/5/31　テレワーク再考
Vol. 261：2020/5/15　９月の大阪講演（≠公演）
Vol. 260：2020/4/30　就活 2021(2)
Vol. 259：2020/4/15　出勤者減に向けて

Vol. 314：2022/7/31　最近・・・5
Vol. 313：2022/7/15　ネガティブをつぶす
Vol. 312：2022/6/30　人格者
Vol. 311：2022/6/15　業界用語
Vol. 310：2022/5/31　動画やSNS展開
Vol. 309：2022/5/15　努力と成功の関係
Vol. 308：2022/4/30　改善提案
Vol. 307：2022/4/15　NGワード
Vol. 306：2022/3/31　伝える工夫
Vol. 305：2022/3/15　最近・・・4
Vol. 304：2022/2/28　よく聞く言葉
Vol. 303：2022/2/15　こわいもの
Vol. 302：2022/1/31　新成人のお祝いに
Vol. 301：2022/1/15　格差について
Vol. 300：2021/12/31　ITツールの影響
Vol. 299：2021/12/15　最近・・・3
Vol. 298：2021/11/30　ゆるブラック
Vol. 297：2021/11/15　がんと保険
Vol. 296：2021/10/31　オークション見聞記
Vol. 295：2021/10/15　事業再構築補助金（続報）
Vol. 294：2021/9/30　改正電子帳簿保存法
Vol. 293：2021/9/15　すごい節税2
Vol. 292：2021/8/31　すごい節税
Vol. 291：2021/8/15　濫読のご報告
Vol. 290：2021/7/31　最近の若者2
Vol. 289：2021/7/15　逮捕された社長に
Vol. 288：2021/6/30　事業再構築補助金
Vol. 287：2021/6/15　デフレと生産性

資料

Vol. 342：2023/09/30　イメージ
Vol. 341：2023/09/15　実名を外した話
Vol. 340：2023/08/31　余裕２
Vol. 339：2023/08/15　日経文庫
Vol. 338：2023/07/31　値上げ
Vol. 337：2023/07/15　おすすめ本 R5
Vol. 336：2023/06/30　組織化に必要なもの
Vol. 335：2023/06/15　最高の投資先
Vol. 334：2023/05/31　生成 AI の衝撃
Vol. 333：2023/05/15　消費税強化月間？
Vol. 332：2023/04/30　インボイス制度を ChatGPT で
Vol. 331：2023/04/15　読書メモの味方
Vol. 330：2023/03/31　不動産の買い時
Vol. 329：2023/03/15　経費つけすぎ問題
Vol. 328：2023/02/28　男は足腰
Vol. 327：2023/02/15　○○を上とする
Vol. 326：2023/01/31　新卒採用のすすめ
Vol. 325：2023/01/15　中古の太陽光
Vol. 324：2022/12/31　節税の限界
Vol. 323：2022/12/15　再会
Vol. 322：2022/11/30　中国マネーに触れた話
Vol. 321：2022/11/15　瀬島龍三方式
Vol. 320：2022/10/31　訃報
Vol. 319：2022/10/15　美容外科の話
Vol. 318：2022/09/30　自分にがっかり
Vol. 317：2022/09/15　夜中の赤信号
Vol. 316：2022/08/31　税理士損害賠償責任保険
Vol. 315：2022/8/15　人材の流動化

資料

メルマガ「成功の研究」～知って得する起業とビジネスのヒント～配信中

多様なビジネスの現場に深くかかわる公認会計士・税理士の立場で、見たこと・得た知識・感じたことを、特に起業を志す人やスモールビジネスの経営者の成功につながるよう、楽しく・分かりやすくお届けします。

https://www.mag2.com/m/0001000369.html

で無料登録の上お読みいただけます。

なお、全てのバックナンバーは以下でご覧いただけます。

https://www.ascinc.co.jp/reports/

収録内容

Vol. 354：2024/03/31　更正の請求
Vol. 353：2024/03/15　不労所得
Vol. 352：2024/02/29　誤算
Vol. 351：2024/02/15　住宅ローンの借り換え
Vol. 350：2024/01/31　電帳法の話
Vol. 349：2024/01/15　「ライブ配信を騙るフィッシング詐欺」にかかった話
Vol. 348：2023/12/31　お客様・読者様向け情報まとめました
Vol. 347：2023/12/15　アンチエイジング
Vol. 346：2023/11/30　自動化について
Vol. 345：2023/11/15　買って良かったもの
Vol. 344：2023/10/31　重任登記
Vol. 343：2023/10/15　インボイス開始

税理士法人 ASC・株式会社エーエスシーでは、起業からその後の会社経営をご支援しています。会計・給与・税務はもちろん、併設する社労士法人・行政書士法人で関連業務に対応し、また必要に応じて他の専門家（弁護士、司法書士、弁理士）もご紹介しておりますので、さまざまな問題について相談の方法自体から相談できる身近なパートナーとしてお選びください。

税理士法人 ASC・株式会社エーエスシー
本　　社　〒 108-0023　東京都港区芝浦 3 丁目 16 番 4 号　山田ビル 3 階
横浜支店　〒 231-0062　横浜市中区桜木町 3 丁目 7 番 2 号　桜木町シティビル 9 階
メール：info@ascinc.co.jp　　URL：https://www.ascinc.co.jp
電話：0120-19-7350

お電話であれば、この本を見てのご連絡である旨添えていただければ、ご紹介扱いとして間違いのない対応をさせていただきます。

はじめて社長になるときに読む本　七訂版

2009 年 5 月 20 日　初版発行
2011 年 11 月 30 日　2 訂版発行
2015 年 1 月 31 日　3 訂版発行
2017 年 9 月 1 日　4 訂版発行
2020 年 1 月 6 日　5 訂版発行
2022 年 2 月 1 日　6 訂版発行
2024 年 5 月 23 日　7 訂版発行

著　　者：中村健一郎
発 行 人：中村健一郎
発 行 所：株式会社エーエスシー
〒 108-0023　東京都港区芝浦 3 丁目 16 番 4 号　山田ビル 3 階
電話：03-5419-7350
発 売 元：株式会社星雲社（共同出版社・流通責任出版社）
〒 112-0005　東京都文京区水道 1-3-30
電話：03-3868-3275
制　　作：ファーストカラー株式会社
編集協力：株式会社リンキング
印　　刷：藤原印刷株式会社

ISBN978-4-434-34000-0 C0034
乱丁、落丁本はお取り替えいたします。価格はカバーに表示してあります。